고객가치를 경영하라

KI신서 1009

고객가치를 경영하라

1판 1쇄 발행 2007년 1월 20일
1판 25쇄 발행 2017년 8월 30일

지은이 이유재 허태학
펴낸이 김영곤 **펴낸곳** (주)북이십일 21세기북스
출판사업본부장 신승철
출판영업팀 이경희 이은혜 권오권 홍태형
출판마케팅팀 김홍선 최성환 배상현 신혜진 김선영 박수미 나은경
제작 이영민
홍보기획팀 이혜연 최수아 김미임 박혜림 문소라 전효은 백세희 김솔이

출판등록 2000년 5월 6일 제406-2003-061호
주소 (우10881) 경기도 파주시 회동길 201(문발동)
대표전화 031-955-2100 **팩스** 031-955-2151 **이메일** book21@book21.co.kr

(주)북이십일 경계를 허무는 콘텐츠 리더

21세기북스 채널에서 도서 정보와 다양한 영상자료, 이벤트를 만나세요!
장강명, 요조가 진행하는 팟캐스트 말랑한 책수다 '책, 이게 뭐라고'
페이스북 facebook.com/21cbooks **블로그** b.book21.com
인스타그램 instagram.com/21cbooks **홈페이지** www.book21.com

값 13,000원
ISBN 978-89-509-1066-2 03320

고객만족을 넘어

고객가치를 경영하라

이유재 · 허태학 지음

21세기북스
www.book21.com

루비콘 강 앞에서

갈리아의 총독 카이사르는 군대 해산 후 귀환이라는 로마 원로원의 최종 권고를 받고 로마 국경에 이른다. 과연 그는 루비콘 강 앞에서 무슨 생각을 했을까?

로마의 공화정, 원로원 중심의 통치 체제는 크고 강대해진 로마를 통치하기에는 역부족이었고 체제 개혁은 거스를 수 없는 대세로 대두되고 있었다. 그렇다면 새 시대에 맞는 새로운 체제의 수립, 이를 거스르고 원로원의 명령을 따라 로마로 귀환하여 명성 높은 총독으로서 명예를 유지하고 생애를 마감할 것인가? 아니면, 그 변화를 따라 체제 변화에 앞장설 것인가?

후자의 선택에는 분명 힘든 내부 갈등과 전쟁, 위험이 따르겠지만 바로 이것이 새로운 시대의 시작이 될 것임을 카이사르는 알고 있었다.

지금 우리는 당시 카이사르가 감지했던 체제 변화의 필요성과 그 징후들을 우리의 시장에서 목격하고 있다. 포화된 시장, 더 이상의 차별화가 어려운 제품 · 브랜드 · 고객 획득 및 유지를 위한 치열한 경쟁, 더 나아가 눈높이가 높아져 웬만한 제품에는 눈길도 안 주고 만족도 하지 않는 고객들, 그러면서도 어느 순간 감성적이 되어 기업과 브랜드에 사랑을 보내고 귀한 시간을 투자하고 똘똘 뭉치는 또 다른 고객들.

'현재 당면한 수요의 색상 공황은 노시개기 중시하는 기치에서 치별적 우위를 확보하고 고객을 만족시키자'는 누구나 알고 있는 마케팅 전략으로 대응하기에는 녹록지 않다.

더구나 지금까지도 시장과 경영의 중심에는 고객이 있었다. 기업들은 지금껏 이 불변하는 사실에 맞추어 대응해 왔고, 따라서 언제나 고객을 중심에 놓고 운영·철학·조직 등을 변화시켜 왔다. 거기에다 고객만족, 고객감동 등 고객을 중심에 둔 사고도 예외는 아니다.

그럼 무엇을 더 해야 하는가? 문제는 이미 많은 기업들이 고객만족을 강조하면서 고객만족경영 체제를 도입하고 있는 상황에서 고객만족경영은 이제 더 이상 차별 조건이 아닌 필수 조건이 되었다는 점이다. 그렇다면, 고객만족을 넘기 위해서는 무엇이 더 필요할까?

이런 갈증을 해소하기 위한 다양한 경영서들은 이미 존재한다. 그들은 눈에 띄는 현상을 기술하고 해석하고 의미를 부여하여 나름대로의 대응책을 제시한다. 경쟁자가 없는 새로운 시장의 개척을 강조하는 블루오션 전략, 혁신적 제품 개발을 강조하는 퍼플카우, 고객의 체험과 감성을 중시하는 방법, 위기를 돌파할 브랜드 관리의 중요성, 외부 그리고 내부 고객의 만족을 관리하는 다양한 방법, 고객가치와 수익성을 증대시키는 방법, 고객들의 구전과 고객들의 생산 과정 참여의 중요성을 강조하는 다양한 내용들. 그러나 이런 현상들을 하나 하나 별개로 이해하고 대응하다 보면, 이들을 하나로 묶어줄 체계적인 그림이 잘 그려지지 않는다.

이 책은 그 체계적인 그림의 해답을 '고객만족경영을 넘어선 고객가치경영으로의 체제 전환과 시각 전환'에서 찾고자 한다.

그렇다면 고객가치경영이란 무엇인가? 가치의 사전적인 의미는 어떤 사물이 지니고 있는 의의나 중요성을 말한다. 지금까지 고객가치 역시 주로 이 비슷한 좁은 의미 내에서 고객 수익성과 유사한 용어로 사용되어 왔다. 이에 따라, 현장에서는 기업의 재화나 서비스를 많이 구입하는 우량고객, 단골고객 등에 관심이 집중되기도 했고, 또는 고객만족을 넘어 고객감동까지 추구하는 고객 중심적 사고가 고객가치경영을 의미하기도 했다.

이제는 좁게, 그리고 약간 혼란스럽게 사용되어 온 '고객가치'의 의미를 '고객을 위한 가치(Value for Customers)', '고객의 가치(Value of Customers)', '고객에 의한 가치(Value by Customers)'를 모두 아우르는 넓은 의미의 개념으로 사용하고자 한다. '고객을 위한 가치'는 말 그대로 기업이 고객을 위해 가치를 제공하는 것을 의미하며, '고객의 가치'는 고객이 지니고 있는 가치, '고객에 의한 가치'는 고객이 기업과의 관계에서 스스로 창출하는 가치를 의미한다.

지금까지의 고객만족경영 체제의 핵심은 '고객을 위한 가치' 제공을 통해 고객을 위한 가치 창출을 위해 힘쓰고 고객만족을 위해 노력하는 데 있었다. 그러나 고객만족경영 체제만으로는 대응이 쉽지 않은 현재 시장 상황에서는 '고객의 가치', 즉 능동적인 고객의 선택과 고객가치의 개발,

그리고 '고객에 의한 가치' 달리 말해 고객에 의한 자발적인 가치 창출이라는 2개의 축을 '고객을 위한 가치'와 더불어 고려해야 한다. 이것이 고객가치경영 체제의 핵심이다.

고객이 시장의 중심에 있다는 변함없는 사실에 덧붙여 그 고객이 변하고 있다는 사실에도 주목하자. 따라서 가치 있는 고객을 능동적으로 선택하고, 미처 드러나지 않은 고객의 가치를 개발·관리하는 것만이 변화하는 시장의 흐름을 주도할 수 있는 길이다. 아울러 고객들의 특징 중 하나인 자발적·능동적인 참여 욕구를 활용하여 그들을 통한 가치 창출 역시 적극 고려해야 한다. 이를 통해 기업뿐 아니라 고객도 가치 창출에 기여함으로써 기업과 고객은 생산자와 소비자의 관계를 넘어 공동 참여자가 될 수 있다.

결국 고객가치경영은 가치 창출을 위해 기업만 노력하는 일방향적인 경영 체제에서 벗어나, 기업과 고객 모두의 주체성을 바탕으로 서로가 의사를 소통하고 상호 보완함으로써 가치 창출의 시너지를 도모하는 양방향적 경영 체제를 의미한다. 따라서 저자는 변화하는 시장 상황 앞에서 고객만족경영 체제를 넘어선, 고객을 위한, 고객의, 고객에 의한 가치를 핵심으로 하는 '고객가치경영' 체제의 도래를 선언하고자 한다.

이 책은 총 3개의 Part로 구성되어 있다. 우선 Part I 〈고객을 위한 가치〉에서는 퍼플카우, 브랜드 개성, 체험 마케팅, 진실의 순간, 제휴 마케팅, 기대 관리, 고객만족 측정, 서비스 회복, 감성 마케팅, 맞춤 마케팅, 고객가치 방정식 등의 내용을 다룬다. Part II 〈고객의 가치〉에서는 블루오션, 잠재 니즈, 고객 포트폴리오, 불량고객, 크로스/업 셀링, 고객생애

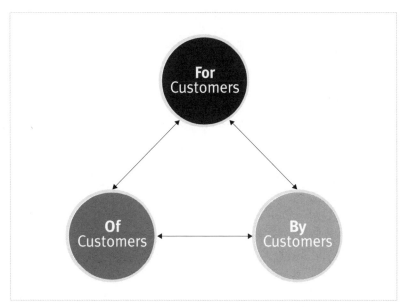

고객가치경영 기본 모형

가치 등의 내용을 다루며, Part Ⅲ 〈고객에 의한 가치〉에서는 넷전, 고객 시민행동, 내부 마케팅, 내부 브랜딩, 마니아, 프로슈머, 커뮤니티 등의 내용을 다룰 것이다.

이 책은 시장이 직면한 문제 해결을 위해 앞서 등장했던 중요 전략이나 내용들을 '고객가치경영 체제'라는 큰 그림 속에서 살펴보는 데 그 의의가 있다. 독자들은 '고객가치경영 체제'라는 틀 속에서 그 각각의 의미를 이해하고 그 개념에 새로운 의미를 부여함으로써 변화하는 시장을 체계적으로 이해, 대응할 수 있는 시각이 생겨날 것이다.

한편 변화하는 시장 상황에서도 궁극인 기업의 목적은 가치 있는 고객과의 관계를 개발하고 이들의 관계를 지속적으로 관리하여 장기적 관계를 이끌어내 수익을 얻는 데 있다. 따라서 우리는 이 지점에서 고객 탐색에서부터 관계 맺기, 신제 관기 및 감계이 관련진 '고객관계관리' 츠면에서 시장 상황을 이해할 필요가 있다. 따라서 저자가 제시한 고객을 위한, 고객의, 고객에 의한 고객가치경영 체제를 씨줄로 본다면, 고객관계관리는 이들과 엮이는 날줄이 되어 그 의미를 획득할 것이다. 만일 이 책을 고객가치경영 체제의 흐름에 맞추어 읽었다면, 그 다음은 고객관계관리 차원에서 읽어보는 것도 좋을 것이다.

잘 알다시피 카이사르는 군대를 이끌고 루비콘 강을 건넜다. '주사위

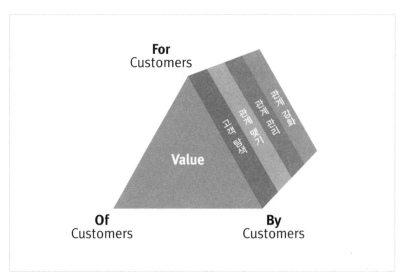

고객가치경영 확장 모형

는 던져졌다'는 명언을 남기고 말이다. 그리고 로마로 진군한 그는 긴 내전을 거쳐 로마 왕정의 굳건한 터를 닦고 로마 부흥의 또 다른 전기를 마련했다. 그리고 역사는 그를 '영웅'이라고 부른다

고객만족경영을 넘어선 고객가치경영, 그 루비콘 강을 넘을 것인가, 넘지 않을 것인가? 이것을 결정하는 것은 어디까지나 독자들의 몫이다. 아무쪼록 이 책이 그 결정에 보탬이 되기를 바란다.

고객가치		고객탐색	관계맺기	관계관리 및 결별	관계강화
	Value for Customers		퍼플카우(리마커블)	진실의 순간	맞춤 마케팅 (Customized marketing)
			브랜드 개성	기대 관리	감성 마케팅
			체험 마케팅	고객만족 측정	가치 방정식 1. 고객가치 방정식
				서비스 회복	
				서비스 패러독스	
				제휴 마케팅	
	Value of Customers	잠재 니즈	고객 포트폴리오	불량고객	win-win (기업의 수익성 증대)
		다수의 오류	앰부시 마케팅		Cross/Up Selling
		블루오션 based on 레드오션			가치 방정식 2. 고객생애가치
	Value by Customers		넷전, 인터넷 커뮤니케이션	내부 마케팅	프로슈머
				내부 브랜딩	커뮤니티
				고객시민행동	러브마크(매니아)
					가치 방정식 3. 고객창조가치 방정식

고객가치 분류와 관계관리의 개념도

contents

프롤로그 – 루비콘 강 앞에서 005

Part 1. 고객을 위한 가치(Value for customers)

▼ 첫 번째 이야기 – 관계 맺기
고객의 눈과 마음을 사로잡는 길 - 퍼플카우 016 / 소비자와 코드 맞추기 - 브랜드 개성 023 /
백견이불여일행 - 체험 마케팅 033

▼ 두 번째 이야기 – 관계 관리 및 결별
고객과 만나는 찰나를 놓치면? - 죽거나, 혹은 나쁘거나 046 / 모든 여자가 장미 꽃다발에 감동하
는 것은 아니다 - 기대관리 054 / 당신의 고객은 만족하고 있습니까? - 고객만족 측정 065 / 이
미 엎질러진 물? 닦거나, 새로 담거나 - 서비스 회복 079 / 서비스와 만족은 반비례 관계? - 서비스
패러독스 089 / 손에 손 잡고 고객의 벽을 넘는 방법 - 제휴 마케팅 098

▼ 세 번째 이야기 – 관계 강화
Only for you - 맞춤 마케팅 107 / 가치를 더욱 빛나게 해 주는 결정적 2% - 감성 115

▼ 가치 방정식 1 – 고객가치 방정식

Part 2. 고객의 가치(Value of customers)

▼ 첫 번째 이야기 – 고객 탐색
쓸모없는(?) 마켓 리서치 - 고객의 잠재 니즈 136 / 다다익선이 오히려 독이 된다 - 다수의 오류
145 / 다듬어지지 않은 원석을 찾아라 - 블루오션 150

▼ 두 번째 이야기 – 관계 맺기

계란을 한 바구니에 담지 말라 - 고객 포트폴리오 162 / 초대장이 없는 파티 - 앰부시 마케팅 171

▼ 세 번째 이야기 – 관계 관리 및 강화

헤어짐이 최선일 때도 있다 - 불량고객 179 / 오래될수록 좋은 것들 - 술, 된장, 친구 그리고 고객 189 / 고객가치 업그레이드 - 크로스/업 셀링 195

▼ 가치 방정식 2 – 고객생애가치

Part 3. 고객에 의한 가치(Value by customers)

▼ 첫 번째 이야기 – 관계 맺기

고객의 입을 빌어 더해지는 가치 - 넷전 214

▼ 두 번째 이야기 – 관계 관리 및 결별

고객만족의 또 다른 이름 - 내부 마케팅 222 / 직원은 기업의 대표선수! - 내부 브랜딩 238 / 이제는 고객참여의 시대 - 고객시민행동 249

▼ 세 번째 이야기 – 관계 강화

나 잡아봐라! 가치의 공동 창조자 - 프로슈머 256 / 나눌수록 커지는 신기한 공식 - 커뮤니티 265 / 고객의 진심이 기업을 향할 때 - 러브마크 276

▼ 가치 방정식 3 – 고객창조가치 방정식

Part. 1

고객을 위한 가치

VALUE FOR CUSTOMERS

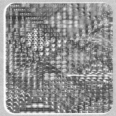

첫 번째 이야기 – 관계 맺기

· 고객의 눈과 마음을 사로잡는 길
· 소비자와 코드 맞추기
· 백견이불여일행(百見而不如一行)

두 번째 이야기 – 관계관리 및 결별

· 고객과 만나는 찰나의 순간을 놓치면?
· 모든 여자가 장미 꽃다발에 감동하는 것은 아니다
· 당신의 고객은 만족하고 있습니까?
· 이미 엎질러진 물? 닦거나 새로 담거나
· 서비스와 만족은 반비례 관계?
· 손에 손잡고 고객의 벽을 넘는 방법

세 번째 이야기 – 관계 강화

· Only for you
· 가치를 더욱 빛나게 해주는 결정적 2%
· 가치 방정식 1. 최고의 가치를 제공하라

고객의 눈과 마음을 사로잡는 길
퍼플카우 Purple Cow

연말, 사장단 앞에서 월례 보고를 맡은 원빈 과장. 지금까지 다른 부서의 보고 내용을 보면 하나같이 비슷한 형식에, 숫자를 나열한 그래프, 다음 달 목표치, 그리고 목표치 달성을 위한 전략 제시가 전부였다. 식상한 보고 형식에서 탈피하고 싶었던 원빈 과장은 보고 방법으로 연극을 택하기로 했다. 팀원들이 A 제품의 고객들로 분장해 사장단 앞에서 A 제품에 대한 만족스러운 점과 불만족스러운 점, 그리고 앞으로의 개선점을 얘기한 것이다. 그리고 맨 마지막 부분에서, 해설자로 등장한 원빈 과장이 앞의 내용을 총괄하는 동시에 A 제품의 매출 향상을 위한 전략 제안을 하는 것으로 마무리했다. 몇몇 비슷한 보고 뒤에 등장한 원빈 과장 팀의 보고는 시작부터 사장단의 시선을 잡았으며, 공연 내내 눈과 귀를 집중시켰고, 마지막 전략 제안 부분에서는 박수갈채까지 받을 정도로 대 성공을 거두었다.

보라색 소

가족과 함께 자동차를 타고 프랑스의 초원을 여행하는 중이라고 상상해 보자. 동화에나 나옴직한 소 떼 수백 마리가 고속도로 바로 옆, 그림 같은 초원에서 풀을 뜯고 있는 모습을 본다면? 절로 감탄이 터져 나올 것이다. 그러나 차를 타고 가는 내내 이 광경이 계속 펼쳐진다면 어떨까?

채 20분도 지나지 않아 지겨워지지 않을까? 새로 나타난 소 떼도 아까 본 소들과 다를 바 없을 것이고, 따라서 이 풍경이 이제는 평범하고 지루하게 느껴질 것이다. 그 소들이 아무리 완벽하고 매력적일지라도 말이다.

그런데 만일 그 소 떼 중에 보라색 소가 있다면?

순간 당신은 차창 밖으로 머리를 내밀게 될지도 모른다.

_세스 고딘(Seth Godin), 《보라빛 소가 온다》(2004)

눈에 번쩍 뜨이는 퍼플카우, 즉 기업은 최고의 가치를 제공하기 위해 상품의 리마커블(remarkable)에 주력해야 한다. 지금 시대에서는 기존 시장에 나온 이미 만들어진 제품을 더 매력적이고 흥미롭게, 혹은 예쁘거나 재미있게 보이도록 만드는 작업은 더 이상 의미가 없다고 해도 과언이 아니다. 과거에는 안전하고 평범한 제품을 만들되 그것을 마케팅과 결합시켜 성공을 꾀하는 일이 가능했다면, 이제는 아예 처음부터 주목할 만한 제품이나 서비스를 생산해 가치를 제공하려는 노력이 필요하다. 제품이 됐든 서비스가 됐든, 고객에게 제공되는 상품 자체가 리마커블해야 고객의 눈과 마음을 사로잡을 수 있다는 뜻이다.

이는 어찌 보면 상식적이고 당연한 말처럼 들리지만, 모두가 잘 알고 있기에 오히려 실행이 어렵다. 모든 경쟁자들이 차별화에 주력한다면, 어지간히 차별화에 성공해 봤자 얼마나 두드러질 수 있겠는가! 세스 고딘의 말처럼, 누런 소 무리 중에 그렇고 그런 또 한 마리의 누런 소가 될 뿐이다.

튈 바에야 아주 확실히, 그리고 제대로 튀는 가치 제공! 바로 그것만이 살 길인 셈이다.

뉴비틀, 이케아, 그리고 삼순이

딱정벌레를 닮은 폴크스바겐의 오리지널 비틀(Beetle)이 기발한 광고로 과거 세대의 고객들을 사로잡았다면, 근래 나온 뉴 비틀(New Beetle)은 디자인과 주행감으로 승부수를 던져 성공을 거두었다. 덩치 큰 스포츠용 다목적 차량들로 가득 찬 도로에 홀로 달리는 뉴 비틀을 상상해 보라. 그 자체가 퍼플카우로 보이지 않겠는가.

어느 날 미국의 일회용 반창고 시장에서 일대 사건이 일어났다. 큐래드(Curad)가 밴드에이드(Band-Aid)의 아성에 도전장을 내민 것이다. 당시 밴드에이드는 우리나라의 대일밴드만큼이나 그 나라 시장에서 반창고의 일반 명사로 알려진 회사였고 제품 역시 뛰어났다. 결국 큐래드는 고심 끝에 캐릭터가 인쇄된 반창고를 제작, 출시했다. 그것이 큐래드의 퍼플카우였던 셈이다. 이후 어린아이 고객들은 순식간에 캐릭터가 들어간 큐

폭스바겐의 뉴비틀

래드의 반창고에 푹 빠졌으며, 결국 큐래드는 밴드에이드로부터 시장의 상당량을 빼앗아 오는 데 성공했다.

페인트 회사 더치보이(Dutch Boy)의 경우는 깡통을 바꿨다. 오랫동안 페인트 통들은 무겁고, 옮기기 힘들었고, 뚜껑을 열고 닫거나 다른 통에 부으려면 여간 번거롭지 않았다. 생각해 보면 그리 놀랄 일도 아니지만, 더치보이는 페인트를 붓기 쉽고 뚜껑을 여닫기 쉬운 용기를 만든다는 퍼플카우를 고안해 냈다. 매출은 급상승했다.

이케아(IKEA)의 경우도 그렇다. 이케아는 그저 그런 또 하나의 염가 가구가 아니다. 가격은 싸지만 디자인과 기능 면에서 굉장히 리마커블하다. 즉 더치보이와 이케아의 사례에서 볼 수 있듯이 퍼플카우는 고가의 제품과 부유한 소비자만을 대상으로 하지 않는다.

그 동안은 젊고 예쁜 데다 똑똑하고 능력까지 있는 여주인공들이 활

이케아의 카탈로그

개를 치는 세상이었다. 다만 그들에게도 하나쯤은 부족한 뭔가가 있고 또 그것을 채워주는 남자 주인공이 꼭 필요했지만 말이다. 그리고 최근 들어 남성에게 의지하지 않는 캔디형 여자 주인공이 인기를 끌더니(그래도 그들은 여전히 예뻤다), 어느 날 그 결정체인 '삼순이'가 혜성처럼 등장했다. 젊지도 예쁘지도 않고 일자리 때문에 전전긍긍하면서도 남자와는 상관없이 자기 생활을 스스로 주관하고 이끌 줄 알고, 할 말은 다 하는 당찬 삼순이. 이전까지의 드라마 여주인공들과는 뭐가 달라도 달랐다. 시청자들은 TV 앞에 모였고 열광했으며, 그리고 스스로 삼순이가 됐다.

이들의 공통점은 무엇인가?

모두가 주목할 만한 가치를 가진, 예외적이고 흥미진진한 퍼플카우들이라는 점 아닐까?

또 한 마리의 누런 소가 되지 않으려면

상품을 만들고 팔 때, 그저 그런 누런 소에 그럴듯한 광고나 판촉을 더해 팔겠다는 안일한 생각이라면, 그 제품은 잠깐 눈길을 끌 수는 있어도 고객의 마음속에서 이내 잊혀지고 만다.

고객에게 보내는 카드에 어떤 인사말을 선택하겠는가. 다음 두 가지를 한 번 살펴보도록 하자.

> "희망찬 새해 복 많이 받으세요."
> "생일 축하드립니다. ○○생명 설계사"

VS

> "고객님, 언제쯤 다시 오시나 기다렸습니다,
> 크리스마스 카드를 드리고 싶었거든요."

이제 겨우 안면을 트게 된 고객이 있다. 당신이라면 어떤 인사말을 보내고 싶은가? 아니, 스스로 어떤 인사말을 받고 싶은가? 누구나 보내는 생일 카드, 연말 카드, 인사말 등은 이미 누런 소가 되어버렸다. 남이 하는 대로만 하면, 그 방법은 이미 리마커블하지 않다. 삼순이 이후 비슷한 여주인공을 내세운 드라마들이 속속 등장했지만, 결국 '삼순이 아류작'이라는 혹평 속에 일찍 막을 내렸던 것을 기억해 보자.

우리 기업이 낙점한 고객들은, 사실 필요한 물건은 이미 다 가지고 있으며, 원하는 제품도 별로 없고, 너무 바빠 상품이나 서비스를 일일이 찾아다닐 시간이 없는 까다로운 사람들이다. 또 기업 스스로 퍼플카우를 내놓으려면 첨단(edge)의 혁신, 발상의 전환, 창의적 마인드 등과 더불어 각고의 노력이 필요하다는 사실 역시 잊어서는 안 될 것이다. 그리고 이 또한 기존에 많이 들어본 말이라면, 이제 다음의 말을 명심하자.

리마커블의 반대말은, "아주 좋다(Very good is bad)."
안전한 길은 위험하다(Safety is Risky).

소비자와 코드 맞추기
브랜드 개성 Brand Personality

오랜만에 호프집을 찾은 경상도 사나이 김대리와 분위기 메이커 이대리.

"김대리, 카스 어때? 카스를 마시면 왠지 내가 살아 있는 소리가 느껴진단 말이지. 뭔가 '톡톡' 튀었던 내 대학 생활이 생각나거든."

"그런가? 난 맥주하면 스타우트던데…… 강인함 속의 부드러운 목 넘김! 이게 바로 흑맥주의 묘미지~! 흑맥주를 즐길 줄 알아야 진짜 남자 아닌가~? 하하!"

당신의 마음을 사로잡은 브랜드는 행동을 유발한다. 당신의 영혼을 사로잡은 브랜드는 헌신을 야기한다.

_스콧 탤고(Scott Talgo), 브랜드 전략가

기술이 발전해 기업 간 또는 브랜드 간의 기능·물리적 차이가 좁아지면서, 기능 차별화를 통해 획득한 경쟁 우위의 생명력도 점차 짧아지고 있다. 이에 따라 내부분의 브랜드들이 기능 시이보다는 이미지나 개성 등을 통한 차별화로 소비자들의 브랜드 애호도나 재구매 의도를 유지·향상시키고 있다. 기존의 오프라인 브랜드는 물론 예를 들어 'Yahoo!'와 같은 온라인 브랜드도 현재 기능적 차별화보다는 '재미있고, 언제든지 도움을 주는' 식의 독특한 인간적 이미지 차별화에 역점을 두고 있다.

앞의 사례에서도 볼 수 있듯이 맥주를 그저 단순한 술로 여겨 선택하던 시대는 막을 내렸다. 맥주 한 병을 마시더라도 브랜드를 고려해 선택하는 흐름이 점차 강해지고 있기 때문이다. 이처럼 브랜드의 개념이 소비자들 사이에 중요하게 인식되면서, 브랜드와 관련된 연상을 인간의 특성으로 의인화시킨 브랜드 개성(brand personality)이 하나의 중요한 전략으로 떠오르고 있다.

브랜드 개성의 개념

언제부터인가 고객들은 마치 살아 있는 대상처럼 브랜드에 인격적 특성, 즉 개성을 부여하기 시작했다. 누군가의 개성을 보면 그 사람을 구성하는 여러 차원의 개별적 특성들이 결합되어 있는 것처럼, 브랜드 개성도 그 브랜드가 연상시키는 모든 요소가 결합해 나타나는 개념이다. 즉 정의를 내리자면 '특정 브랜드와 결부되어 연상되는 인간적 특성들'이라고 할 수 있겠다. 여기서 유의할 점은 브랜드 개성이 브랜드 이미지와는 확연히 구별되는 개념이라는 점이다. 브랜드 이미지는 브랜드 개성보다 넓은 의미의 개념으로서, 소비자가 브랜드에서 연상하는 편익이나 결과, 과거의 판매 촉진이나 명성, 동료 집단의 평가 등을 모두 포함한다는 점에서 브랜드 개성과는 분명한 차이가 있다.

'브랜드 분야의 살아 있는 권위자'로 불리고 있는 데이비드 아커 (David A. Aaker) 교수는 브랜드 정체성 시스템을 구성하는 하부 요소로, '제품으로서의 브랜드', '조직으로서의 브랜드', '인간으로서의 브랜드', '상징으로서의 브랜드' 네 가지를 언급한 바 있다. 이 중 '인간으로서의 브랜드' 안에 브랜드 정체성의 명확한 특징들을 설명하는 개념으로서 브랜드 개성이 포함된다. 이어서 아커 교수는 "브랜드 개성은 브랜드 정체성의 명확한 특징을 제공한다"고 말한다. 즉 브랜드 개성은 브랜드 정체성 안에서도 중요한 역할을 차지하고 있다. 브랜드 개성은, 우리가 누군가를 생각할 때 일반적으로 떠올리는 통계(나이 · 성별 · 사회적 지위 · 인종), 생활 양식 또는 성격 같은 인간적 특성들로 그 브랜드의 속성을 표현함으로써 지속적인 차별화를 가능하도록 만들기 때문이다.

브랜드 개성의 중요성

브랜드 개성은 소비자들의 직접적인 구매를 유발하지는 않지만 브랜드와 고객 간의 인간적 관계, 브랜드에 대한 태도와 선호도를 이해하는 데 큰 도움이 된다. 뿐만 아니라 소비자들의 구매 행동과도 밀접한 연관을 가지기 때문에 기업들의 광고, 포장, 판촉 등의 마케팅 의사결정에도 유용한 지침을 제공한다. 이러한 브랜드 개성은 크게 볼 때 브랜드 자산 구축 측면에서 큰 중요성을 가진다고 말할 수 있는데, 지금부터 이것을 소비자와 기업의 입장으로 나누어 생각해 보도록 하자.

첫째, 소비자 관점에서 살펴보자. 소비자의 경우에는 브랜드 개성을 통하여 '자신의 개성을 표현하고 자아를 정의'할 수 있다. 즉 브랜드를 기능적(Functional) 관점보다는 상징적(Symbolic) 관점에서 소비한다는 뜻이다. 이 경우 소비자는 제품의 기능적 측면에 주목하기보다는 이 브랜드 개성을 자신의 이미지를 표현할 수 있는 도구로 보고, 여기에 자신의 개성을 담아 하나의 상징물로 사용하게 된다. 예를 들어 '버지니아 슬림' 담배를 피우는 사람은 여성스러운 면모를 소유한 사람으로 여겨지고, '할리 데이비슨' 오토바이를 타는 사람은 남성적이면서 기존의 관습을 타파하고 자유를 추구하는 사람으로 지각된다. '포카리스웨트'와 '게토레이'는 품질 면에서 거의 차이가 없다. 그러나 포카리스웨트는 여성적 이미지를 강조함으로써 여성스러운 브랜드 개성을 만들어나간 반면, 게토레이는 남성적 이미지를 부각시켜 브랜드 개성을 확립함으로써 상호 차별화를 시도하고 있다.

무엇보다 브랜드 개성은 그 브랜드가 어떤 효과를 만들어낼지 예상할 수 있도록 해 준다. 마치 잘 아는 사람의 행위를 어렵지 않게 예상하듯이, 우리는 친숙한 브랜드의 행위 역시 예상할 수 있으며, 많은 경우에서 이

예측 가능성은 브랜드 애호도를 형성하는 중점적인 요인이 된다.

둘째, 기업의 관점에서 보면 브랜드 개성은 다른 브랜드와의 차별적 인식을 가능케 한다. 기술적인 측면에서 거의 경쟁 브랜드와 별 차이가 없어 보여도, 브랜드 개성을 통해 '다르게' 차별화시킬 수 있다는 뜻이 다. 이것은 개성 있는 사람에게 더 관심이 가고 그런 사람이 더 기억에 남 는 것과 같은 이치다. 개성 있는 사람이 무리 속에서 돋보이듯이 선명한 브랜드 개성은 그 브랜드를 경쟁 브랜드들과 구분지어 줄 뿐 아니라, 외 관이나 가격과는 달리 복제할 수 없다는 점에서 시장 점유율을 높임과 동 시에 고가격 정책을 가능하게 만드는 힘이 된다.

한편 브랜드 개성은 브랜드 태도와도 상당한 관계를 가진다는 점에서 브랜드 자산 창출에 기여도가 높다. 브랜드 개성은 브랜드와 연관된 감 정을 불러일으키는데 브랜드 호감도, 브랜드 선호도, 구매 의도에까지 영향을 미친다. 또한 브랜드와의 연관성 속에서 자아개념 역시 브랜드 개성의 개발과 브랜드 인지도에 매우 중요한 의미를 가진다. 소비자의 경우 자신의 자아 개념과 일치하는 상품이나 정보를 더 잘 기억하고 호감 을 가지기 때문이다. 따라서 소비자의 자아 개념과 브랜드 개성이 일치 할수록 그 브랜드에 대한 선호도 역시 높아지며, 그 긍정적인 감정들이 반감을 줄이고 지지도를 늘려 수용도 역시 증가하게 된다. 즉 브랜드 개 성이 불러일으킨 연상적인 감정이 브랜드 태도와 구매 행동에 영향을 미 치는 형태다. 또한 자신의 정체성에 부합하는 브랜드에 투자하려는 소비 자들의 경향은 생필품보다도 자동차 · 의류처럼 사회적으로 자신을 표현 할 수 있는 제품 카테고리에 더 강해진다. 즉 이런 제품에서는 브랜드 개성이 더욱 강력하게 작용하며, 그래서 이들 제품에서 브랜드 개성이 더 중요하다는 것은 두말할 것도 없다.

브랜드 개성의 측정

앞서 살펴본 바와 같이 브랜드의 바람직한 개성을 규명하려면, 경쟁 상품들의 개성을 측정·분석하는 일은 물론, 그 원천이 다양한 만큼 종합적이고 복합적인 측정이 요구된다. 여기 데이비드 아커의 딸이자 브랜드 전문가인 제니퍼 아커(Jennifer Aaker)가 발견한 브랜드 개성 평가 척도(Brand Personality scale: BPS)를 소개해 보기로 한다. 이 측정법은 인간적인 개성 항목 중에서 '다섯 가지 중요 사항(Big Five)'을 골라 그 척도를 브랜드에 적용하는 방식으로 진행된다.

그녀가 발견한 5개 차원의 브랜드 개성은 사람과 브랜드 모두에 관련된 특성으로 어떤 제품 범주에도 일반화시켜 적용할 수 있다는 장점이 있다. 또한 하위 구체적 브랜드 개성 항목들은 브랜드 개성 개발과 관련해 유용한 시사점을 제공한다. 가령, '유능함'을 부각시키려는 브랜드는 '믿을 수 있는, 성공적인' 등을 강조할 수 있다.

이 연구는 각각의 브랜드가, 속해 있는 상품군의 다른 브랜드들과 비교해 얼마나 긍정적인지, 또는 부정적인지를 측정해 주는 역할도 한다. 실제로 개성 변수와 태도의 관계는 브랜드에 따라 변한다. '흥미 유발'과 '유능함'은 '애플'과 '아메리칸 익스프레스'에 대해 긍정적인 태도를 형

브랜드 개성을 측정하는 차원들

기본적 개성 차원	개성 측면	구체적 개성 항목
성실함(Sincerity) 예) 유한킴벌리, 홀마크, 코닥	현실성	가족 중심, 소도시, 전통, 노동자 계급, 미국적인
	정직함	진지함, 실제적, 도덕적, 사려 깊은, 관심
	건전함	오리지널, 진정한, 영원한, 전통, 유행에 뒤떨어진
	활기	정서적, 다정함, 친밀감, 행복
흥미유발(Excitement) 예) 베네통, 펩시	모험	유행, 흥미, 색다른, 화려한, 적극적인
	생기	냉정한, 젊은, 생동감 있는, 외향적인, 진취적인
	상상력	독특한, 유머 있는, 놀라운, 예술적인, 재미있는
	현대적	독립적인, 동시대의, 혁신적인, 적극적인
유능함(Competence) 예) CNN, IBM, 삼성	믿을 수 있는	열심히 일하는, 안전한, 능률적인, 주의 깊은
	지적인	기술적, 조직적, 진지함
	성공적인	리더, 확신, 영향력 있는
세련됨(Sophistication) 예) 렉서스, 소니, 샤넬	상류 계층	화려한, 멋진, 과시적, 세련된
	매력적인	열성적인, 부드러움, 섹시한, 신사적인
강인함(Ruggedness) 예) 리바이스, 말보로, 나이키	외향적인	남성다운, 서부의 활동적인, 운동선수다운
	거친	드센, 강한, 분명한

성한다. '메르세데스'와 '포르쉐'가 세련되었다고 응답한 사람들은 이 브랜드들에 긍정적인 태도를 가질 것이다. 또한 전반적으로 긍정적인 태도와 관련되는 브랜드 개성의 특성들이 주로 '성실함(실제적, 진정한, 오리

지널'과 '유능함(믿을 수 있는, 리더)'에 기인하고 있다는 사실도 주목할 만하다.

브랜드 개성 창출의 구체적 실행법

인간의 개성이란 그를 둘러싼 거의 모든 것(이웃 · 친구 · 활동 · 의상 · 대인관계)에 영향을 받는다. 이와 마찬가지로 브랜드 개성 역시 제품 요소 · 제품 외적 요소의 복합적인 상호작용에 의해 형성된다.

브랜드 개성을 형성할 때 주요 원천이 되는 제품 요소에는 가격 · 포장 · 제품 속성 · 제품군 등이 있다. 예를 들어 후지필름의 녹색 포장은 젊고 신선한 인상을 준다. 또 제품 속성의 예로 '다이어트 코크'의 경우, 날씬하고 활동적인 인상을 줌으로써 브랜드 개성을 형성하고 있다. 국내에서는 아이리버가 MP3 플레이어 대부분이 사각형으로 만들어지던 시절에 과감한 컬러와 독특한 기하학적 형태를 가진 크래프트 모델, 패션 액세서리 같은 목걸이형 제품을 잇달아 공개했고, 최근에는 동영상을 보기에 적합한 TV 형태의 모델을 출시하면서 시장 위치를 확립했다. 디자인을 중심에 놓은 마케팅 전략이 브랜드 개성인 흥미 유발과 적절히 호응해 그 개성을 강화시키는 역할을 한 사례다. 제품군의 경우에는 시티은행을 들 수 있는데, 많은 고객들이 시티은행을 생각하면 '유능하고, 신뢰할 만하며, 세련된' 이미지를 떠올린다.

반면 제품 외적 요소는 사용자 · 원산지 · 광고 스타일 · 스폰서십 · 로

고 · 최고경영자 · 브랜드 수명 · 기업 이미지 등이 브랜드 개성과 결부해 나타난다. 예를 들어 캘빈 클라인 청바지는 섹시하고 세련된 개성을 연상시키며, 마이크로소프트는 최고경영자의 능력을, 유한양행은 사회적 책임을 다하는 기업 이미지를 떠올리게 한다. 특정 브랜드가 후원하는 이벤트(스폰서십 활동)도 브랜드 개성 형성에 영향을 준다. 예컨대 스위스의 시계 전문 회사 스와치는 스키 대회, 국제 브레이크댄싱 챔피온십, 파리

아이리버 iFP890

길거리 칠하기 등의 이벤트를 후원하면서 '색다른(파격적인), 젊음' 이라는 브랜드 개성을 개발 · 강화할 수 있었다.

마지막으로 경영자나 유명 광고 모델도 브랜드 개성의 창출에 영향을 미친다. 마이크로소프트의 경영자 빌 게이츠와 나이키의 광고 모델 타이거 우즈의 경우, 그들이 가진 독특한 개성과 높은 명성으로 각각의 브랜드 개성 창출에 상당한 영향을 미쳤다.

지속적인 강점으로서의 브랜드 개성

브랜드 개성의 가장 큰 특징은, 브랜드 정체성을 지속적으로 차별화

하는 지렛대 역할을 한다는 점이다. 즉 영속적인 브랜드들은 소비자들과 기업을 감정적으로 연을 맺게 만들어 다른 어떤 비즈니스 자산보다 큰 지레의 힘을 발휘한다. 차별적 이고 '독심적'인 브랜드 시피지끼 고 세 이에 기업 · 제품 혹은 서비스 사이의 감정적 · 이성적 가교 역할을 하는 셈이다. 따라서 브랜드 개성은 브랜드 포지셔닝을 전개할 때 매우 유용하다.

결국 브랜드 개성의 중요성을 정리해 보면, 일단 브랜드에 대한 소비자의 태도와 인식에 긍정적인 영향을 미치고, 다른 브랜드와의 차별화를 유도하고, 소비자와의 커뮤니케이션을 용이하게 한다는 점이다. 실제로 외국의 전문 커뮤니케이션 업체들은 브랜드 개성을 포지셔닝 전략의 일환으로 사용하고 있으며, 이제 우리나라도 브랜드 개성을 브랜드 전략상 중요한 요소로 인식해야 하는 시점에 와 있다.

진정 성공한 브랜드는 대부분 소비자들의 마음속에 독특한 포지션을 점유하고 있다. 즉 브랜드 정체성은 가격 및 제품 특징보다 우위를 차지하면서 소비자들이 신뢰할 수 있는 강력한 구매 동기를 제공하는 경우가 많다. 하지만 브랜드 정체성 관리는 우연히 이루어지는 것이 아니다. 브랜드 이미지를 뛰어나게 하려면 일단 철저한 계획은 물론 풍부한 지원과 끊임없는 관리가 필요하다는 사실을 명심해야 한다.

백견이불여일행 百見而不如一行
체험 마케팅

나를 마음에 들어 하는 것 같긴 한데, 아직 확신이 없어 보이는 그녀······ 지속적인 만남을 갖고 싶은데······ 나에 대해 말하는 것도 고작 한두 번······ 어떻게 해야 그녀에게 나를 효과적으로 어필할 수 있을까?

며칠 동안 고민하던 김대리! 드디어 오늘 그녀를 만나 남이섬으로 갈 계획을 짰다. 대학 시절의 향수도 자극하고, 둘만 공유할 수 있는 추억을 나눔으로써 두 사람의 체험 영역을 넓힐 생각이었다. 그리고 다음번 만남 때는 친구들도 불러야겠다고 결심했다. 친구를 보면 그 사람을 알 수 있다고 하지 않던가. 그녀가 친구들과의 만남을 통해 간접적으로 나라는 사람을 체험하고, 허심탄회하게 평가할 수 있도록 그녀에게 선택권을 주기로 한 것이다.

잠시 연애 시절을 돌이켜보자. 지금 옆에 있는 애인, 아내, 또는 지나간 옛 애인도 좋다. 그녀 또는 그와 처음 만났던 날을 생각해 보자.

처음에는 소개팅, 미팅, 또는 맞선처럼 어색한 만남을 가진다. 그 후 아마도 당신은 데이트를 통해 상대방의 성격, 취미, 생활방식 등을 직·간접적으로 체험하면서 가까워지게 되었을 것이다. 그러다가 여기서 좀 더 진전이 생기면 양가 부모님께 인사를 드리는 체험도 하고, 이런 식의 특별한 체험을 몇 번 더 거치면서 결혼에까지 이른다. 그리고 이처럼 체험의 양이 많아지고 그 강도가 높아질수록, 관계의 몰입도가 점점 강해지면서 관계를 돌이키거나 끊기도 어려워진다. 그러나 연인과의 체험이 다른 사람들과의 체험과 별 차이가 없는 경우, 둘의 관계는 오래 지속되기도 어려울 뿐더러 좋은 결실을 맺기도 힘들다.

기업과 고객도 마찬가지다. 고객이 기업 또는 해당 기업의 제품이나 서비스를 체험하면서 장점을 파악하고 그 체험의 강도가 높아지면, 기업에 대한 충성심도 높아지게 마련이다. 그러나 반대로 해당 기업이 고객에게 다른 기업과 차별화되는 체험을 제공하지 못한다면 고객과 관계를 맺을 수도 없을 뿐 아니라 지속도 어려워진다.

체험 경제로의 패러다임 전환

조셉 파인(Joseph Pine)과 제임스 길모어(James Gilmore)는 《고객 체험의 경제학(The Experience Economy)》에서 지금까지 인류 경제가 '농업 경제

→산업 경제→서비스 경제'로 발달해 왔으며, 현 시대 패러다임은 다시 체험 경제 시대로 전환되고 있다고 강조했다. 농업 경제의 상품들은 주로 범용품으로서 단순한 수요공급에 의해 가격이 결정되는 익명의 시장에서 판매되었기 때문에 차별화가 불가능했다. 그러다가 산업 경제 시대가 도래하자, 범용품을 원재료로 사용해 다양한 제조품을 생산해 제품차별화는 물론 생산비용에 근거한 가격 설정까지 가능해졌다. 게다가 제조품은 곧바로 사용이 가능하기 때문에, 고객들은 제조품을 범용품보다 훨씬 가치 있다고 평가했다. 그리고 이윽고 서비스 경제 시대에 이르러, 서비스 제공업자들은 특정한 고객들의 요구에 맞추기 위해 제조품을 사용하기 시작했으며, 일반적으로 고객들도 제조품보다는 서비스의 혜택을 훨씬 더 높이 평가하기에 이르렀다. 그렇다면 체험 경제 시대는 어떤가.

체험 경제 시대에서는 기업이 한 개인의 참여를 위해 의도적으로 서비스와 제조품을 사용하고 체험(experience)을 유도한다. 범용품은 대체 가능한 상품이고, 제조품은 유형의 상품이며, 서비스가 무형의 상품이라면, 체험은 인상적인(memorable) 상품인 것이다.

현대인들이 즐겨 마시는 커피를 예로 들겠다. 콜롬비아에 있는 커피 원두 농장에서 커피 원두를 판매하면 1컵에 채 100원 받기도 힘들다. 그러나 원두를 인스턴트 커피나 캔 커피처럼 포장된 공산품으로 만들어 판매하면 1컵 또는 1캔 당 300~500원 정도를 받는다. 또 고속도로 휴게소나 커피숍에서 원두를 끓이면, 커피 가격은 1컵에 1,500원가량으로 치솟는다. 더 나아가 스타벅스와 같은 커피 전문점이나 고급 호텔 및 인테리어가 멋진 커피숍에서는 커피 1잔당 최소한 3,000원 이상 매겨진다. 불과

경제	농업 경제	산업 경제	서비스 경제	체험 경제
상품	일상용품	제조품	서비스	체험
경제적 기능	추출	제조	전달	연출
상품 속성	대체가능	유형	무형	인상적
핵심 특징	자연적	표준화	맞춤화	개인적

• 출처 : 조셉 파인, 제임스 길모어의 《고객 체험의 경제학》에서 발췌, 작성

4단계를 거쳤을 뿐인데, 가격이 최초의 범용품 가격에서 수십 배로 상승하는 것이다.

물론 스타벅스 등의 커피 전문점들은 좋은 제품, 좋은 서비스를 위해 노력한다. 그러나 고객들이 기꺼이 높은 가격을 지불하는 이유가 과연 여기에만 있는 걸까? 만일 이것만으로 불충분하다면, 과연 이를 설명할 수 있는 핵심 요소는 무엇일까?

일단 답부터 이야기하자면 바로 체험일 것이다. 이를테면 스타벅스를 좋아하는 고객들은, 커피와 더불어 안락한 휴게 공간에서 즐거운 시간을 보내는 체험, 즉 커피를 멋지게 소비하는 체험을 구매하는 것이다. 이처럼 커피는 최초의 범용품인 커피 원두에서 산업 경제 시대의 캔 커피나 인스턴트 커피라는 제조품을 거쳐, 고속도로 휴게소나 커피 전문점에서 판매하는 서비스 단계를 지나, 이제는 체험이라는 토핑을 추가해 커피 소비의 가치를 높이고 있다.

체험 경제의 실천! 체험 마케팅!

이제 고객 체험이야말로 우리 모두가 경쟁해야 할 대상이다.
_제리 그레고어(Jerry Gregoire), 델 컴퓨터 CIO

패러다임이 체험 경제 시대로 이동하면서, 마케팅 전반에서도 고객 체험의 중요성이 부각되고 있다. 《체험 마케팅(experiential marketing)》의 저자 번트 슈미트(Bernd H. Schmitt)는, 이 시대의 상품들은 단순히 기능과 편익의 종합체(bundles of features and benefits)가 아니라, 소비자들에게 삶의 체험을 제공하는 도구이며, 긍정적인 또는 부정적인 체험을 강화하는 매개체라고 주장한다.

이마트의 식품 매장으로 가보자. 육류 판매 코너 옆에서 불고기를 만들고 있는 직원, 냉동만두 판매 코너 옆에서 만두를 구워주는 직원을 비롯해 수많은 시식 코너가 있다.

이제는 동네 화장품 매장으로 가보자. 화장품을 사면 덤으로 끼워주는 각양각색의 견본품들은 어떤가.

이것들은 이미 우리에게 너무 익숙한 모습이 되었고, 바로 이들이 쉽게 예를 들어 생각할 수 있는 체험 마케팅들이다. 그러나 시식 코너에서 맛만 본 뒤 구매로 이어지지 않거나, 잘 쓰지 않게 되는 각종 견본품 등의 체험은 고객들에게 가치를 제공하기 힘들다. 따라서 근래의 체험 마케팅은 이러한 시식 코너나 견본품의 범위를 뛰어 넘어, 고객들이 기업 및 상품을 느끼고, 이해하고, 생각하고, 행동하고, 관계를 형성하게 만드는 방향쪽으로 발전하고 있다. 고객이 향유할 수 있는 체험을 강화함으로써 기업의 가치를 높이는 것이다.

하드록 카페(Hard Rock Cafe)와 같은 이색적인 레스토랑, 아모레 퍼시픽의 휴플레이스(HUE Place), 반스앤노블(Barnes and Noble) 서점 등이 바로 그 좋은 사례다. 이들도 여전히 제품과 서비스를 고객에게 전달하지만 핵심 상품의 가치를 훨씬 능가하는, 즉 만족스럽고 기억에 남을 만한 개인별 맞춤 경험을 제공하는 쪽으로 가치를 확장시키고 있다.

그렇다면 체험 마케팅의 영역은 과연 어디까지인가?

체험 마케팅, 현장 속으로

앞서 제시한 것처럼 체험 마케팅은 우리에게 익숙한 형태로 진행될 수도 있고, 완전히 새로운 형태로 태어날 수도 있다. 체험 마케팅의 유형들은 대표적으로 다음과 같다.

먼저, 우리에게 익숙한 사전 체험을 보자. 사전 체험은 제품이나 서비스의 구매를 유도하기 위해 구매 전에 해당 제품이나 서비스를 미리 제공하는 방식으로 고객에게 다가간다. 그리고 이런 사전 체험의 형식도 이제는 고객가치를 지향하는 방향으로 변모하고 있다.

홈쇼핑 제품을 한번 예로 들어 보자. 황토팩 사업으로 성공한 탤런트 김영애 씨가 운영하는 황토팩 '황토솔림욕'은 정품을 구입하면 고객들이 미리 써볼 수 있도록 정품 1회 사용분의 테스터를 제공한다. 테스터를 미리 사용해 본 후, 만족한 고객은 계속해서 사용하고 만족하지 못한 고객은 반품이 가능하도록 했다. 결국 이 황토팩은 피부에 맞지 않을 경우 쉽게 반품하고 잘 맞는 사람만 사용한 덕에 고객만족도가 매우 높은 상품으로 평가받아 현재 GS홈쇼핑에서 3년째 판매 1위를 기록하고 있다. 홈쇼핑이라는 매체와 팩이라는 제품 특성상 미리 제품을 눈으로 보고 구매하지 못하는 제약점을 테스터 체험으로 극복한 것이다.

두 번째 형태로는 체험단이 있다. 고객 체험단은 기업의 문화를 직접 경험하거나 신제품을 미리 사용해 보는 체험단, 최종 제품 출시 전에 개선사항이나 아이디어를 제안하는 평가단, 이렇게 두 가지 형태다. 메르세데스-벤츠 코리아는 SUV차량인 뉴 엠-클래스(New-M-Class) 출시를 앞두고, 800여 명의 체험단을 모집해 시승 체험을 제공했다. 또 화장품 회사의 경우에도, 신제품 출시 전 고객 체험단을 모집해 개선사항이나 아이디어를 제안하는 프로슈머로 활용하고 있다. 풀무원은 매년 40명의 주부로 구성된 '풀무원 유기농콩 산지 체험단'을 모집하여 중국에 있는 유기농 콩 농장을 직접 방문함으로써 고객들의 신뢰를 확보하고, 인근 여행 체험까지 제공하여 고객과 돈독한 관계까지 유지하고 있다.

세 번째로 물리적 체험 공간을 제공하는 형태도 있다. 체험 공간은 소비자에게 직접 제품을 체험하게 유도함으로써 가장 직접적으로 구매동기를 자극한다. 이러한 형태의 체험은 주로 정보통신 기업 및 화장품 회사를 중심으로 활용되고 있는데, SK텔레콤의 티티엘존, LG텔레콤의 폰앤펀, KTF가 운영하는 굿타임숍 등의 경우, 현재 고객과 비고객 모두에게 자유롭게 이동전화와 관련된 체험을 제공하고 있다. 마이크로소프트의 엑스박스(X-Box)존이나 애플의 아이팟(iPod) 체험관 등도 신제품 출시와 맞춰 홍보용 디지털 체험관을 운영하고 있다. 그런가 하면 일시적인 홍보의 범위를 넘어 상시적으로 체험 공간을 운영하는 사례도 점차 늘고 있다. 삼성전자의 경우 이동전화와 관련해서는 애니콜 스튜디오를, 복합 멀티미디어에 관련해서는 DVD, MP3플레이어, 최신형 노트북 등을 체험할 수 있는 M존을 운영 중이다.

이런 체험 공간은 단지 체험만 제공하기도 하지만, 어떤 경우는 체험과 동시에 구매가 발생하기도 한다. 특히 아모레 퍼시픽의 디아모레스타(The Amore Star)는 기존에 화장품 구매만을 위해 방문하던 화장품 매장을 뷰티 체험 공간이라는 새로운 개념으로 재구축했다. 이곳에서는 화장품 구매보다는 일대일 전문상담과 셀프 테스트, 체계적인 고객관리 시스템 등을 실시해 자유롭고 부담 없는 쇼핑과 뷰티 체험을 동시에 제공한다. 또한 KT&G는, 최근 들어 많은 건물들이 금연 건물로 지정되자 건물 내에 흡연자들을 위한 앤플렉스(&PLEX)라는 흡연 공간을 제공하고 있다. 이곳에서는 담배를 피울 수 있을 뿐 아니라 구매할 수도 있다. 또한 보드게임, 인터넷 등과 같은 놀 거리까지 마련되어 있다. 이제 체험 공간은 기업의 상품을 홍보하는 동시에 고객들에게 놀이 공간까지 제공하는 두 가지의 효과를 발휘하고 있는 셈이다.

| 뷰티 체험 공간 | 아모레 퍼시픽의 디아모레스타

디아모레스타는 라네즈, 미장센, 에스쁘아 등 아모레 퍼시픽의 다양한 브랜드 제품을 무료로 체험해 보고 메이크업아티스트 서비스를 받을 수 있는 1층의 메이크업 스튜디오 컬러스타(color star), 뷰티 푸드와 건강음료 등을 즐길 수 있는 2층의 비타민 바 비타스타(vita star), 라네즈 스킨케어를

이용하여 개발된 마사지 프로그램을 제공하는 3층의 스킨스타(skin star), 그리고 다양한 전시회 및 이벤트가 열리는 4층 파티스타(party star)로 구성되어 있다.

디아모레스타는 화장품 판매보다는 제품을 홍보하고 브랜드 인지도를 높이기 위해 설립된 체험 공간이다. 누구에게나 개방되어 있기 때문에, 자투리 시간을 이곳에서 알뜰하게 보낼 수 있다. 예컨대 명동을 돌아다니다가 방문하여 각종 신제품을 부담 없이 발라보고 경험해 보는 과정에서 즐거움을 느끼는 놀이 공간으로 거듭나고 있다.

소비자들은 디아모레스타에서 시간을 보내면서 즐거움을 느낄 뿐 아니라 오감으로 아모레 퍼시픽의 제품을 느끼고 받아들이게 되며, 뷰티앤헬스 (Beauty & Health)라는 아모레 퍼시픽의 기업 콘셉트까지 일관되게 체험할 수 있다. 예전 화장품 시장의 경우, 회사가 고객을 직접 방문하고 찾아가는 전략을 펼쳤다면, 지금은 제품을 직접 체험할 수 있는 체험 공간을 제공함으로써 고객들이 브랜드와 기업을 직접 찾아 능동적으로 경험하고 오가면서 즐길 수 있도록 하는 체험 마케팅이 널리 사용되고 있다. 디아모레스타는 화장품 외에도 다양한 뷰티 경험이라는 고객의 욕구와 즐거움을 만족시킴으로써 제품을 효과적으로 홍보하는 동시에 브랜드 이미지를 한층 끌어올리는 효과를 거두었다.

마지막 네 번째 형태는, 총체적인 체험(total experience)이다. 총체적인 체험은 제품과 서비스 자체에 체험을 결합하거나, 아예 체험 자체가 상품이 되는 궁극적인 의미의 체험을 말한다. 베니하나의 경우, 일본식 식사 경험이 없는 사람들에게 이국적인 식사 경험을 체험할 수 있도록 해준다. 테이블 주변에 앉아 있는 고객들을 위해 고객별로 음식을 준비하는가 하면, 요리사가 테이블에서 주문한 음식을 직접 조리하는 모습을 보여줌으로써 고객으로 하여금 자신이 어떤 음식을 먹게 될지에 대한 불안감을 완화시키고, 서커스 같은 칼놀림과 묘기까지 곁들여 총체적으로 최고의 디너쇼 경험을 제공한다.

또한 독일 베를린에 있는 호텔 프로펠러 아일랜드 시티 로지(Propeller Island City Lodge)의 경우, 감옥을 그대로 옮겨놓은 방, 2개의 관이 놓인 흡

혈귀 방, 쇠창살의 사자 우리를 재현한 방, 사원과 궁전을 테마로 한 방을 비롯한 30여 개의 테마 방을 마련해 호텔에 묵는 손님들에게 이색 체험을 제공하고 있다. 이외에도 사찰 생활을 공개하고 직접 체험할 수 있는 기회를 제공하는 여행상품 '템플 스테이', 외국인들을 대상으로 김치의 유래를 알려주고 담그는 방법까지 체험하게 해주는 '김치 체험', 하룻동안 제빵사가 되어볼 수 있는 크라운베이커리의 '케이크 만들기 체험', 인테리어에서부터 종업원의 복장과 메뉴판까지 중국의 전통 객잔 모습을 그대로 재현한 여러 중국 음식점 등 이 모든 체험은 고객에게 잊지 못할 경험을 제공함으로써 상품의 부가가치를 높이고 있다.

고객과 기업의 관계 맺기에서도 체험 마케팅은 매우 중요한 역할을 한다. 체험을 통해 고객과 기업의 관계가 지속될 수 있는가 하면, 아예 관계가 끝나버릴 수도 있기 때문이다. 특히 인터넷의 등장으로 소비자들 간의 소통 속도가 빨라지면서 체험 마케팅 역시 그 효과가 증폭되고 있다. 가령 새로 나온 차를 시승해 본 사람이나, 새로 출시된 화장품을 써본 고객, 체험 공간을 이용한 뒤 좋았거나 나빴던 경험이 구전 및 인터넷을 통해 급속도로 퍼지면서 체험 마케팅의 파급 효과가 커지고 있는 것이다. 따라서 체험 마케팅이 높은 효과를 발휘하려면 이를 단지 제품이나 서비스에 따라가는 오락적 첨가물로 이용하는 대신, 고객이 그 독창적 의미를 제대로 느낄 수 있도록 해주어야 한다. 다시 말해 기업이 '고객을 가치 있게 만드는 것'의 의미는, 곧 고객이 체험하기를 기대하는 감동을 뜻한다. 즉 체험을 통해 '고객을 위한 가치(value for customers)'를 높이면,

기업도 '고객에 의한 가치(value by customers)'를 확보해 고객의 가치를 증대시킬 수 있다.

| 체험의 브랜드화 | 삼성에버랜드

테마파크는 체험 자체가 상품이 되는 총체적인 체험을 제공하는 대표적인 비즈니스 모델이다. 삼성에버랜드(현 에버랜드 리조트)의 경우 필자가 대표이사로 재임 시절, 월드 베스트 테마파크로 도약하기 위한 발판으로 기존의 자연농원이라는 이름을 에버랜드로 변경했으며, 에버랜드라는 모브랜드에 상이한 체험을 제공하는 서비스 상품을 분리해서 이들에게 각각의 서브브랜드를 부여했다. 드라이파크를 체험하는 '페스티발 월드', 워터파크를 체험하는 '캐리비안 베이', 자동차 경주를 체험할 수 있는 '스피드웨이'라는 브랜드를 도입함으로써 체험 자체를 독립된 서비스 상품으로 개발한 바 있다.

필자 퇴임 이후, 개장 30주년을 맞이한 에버랜드는 최근 에버랜드 리조트라는 새로운 브랜드명으로 변경되었으며, 각 체험별 서브 브랜드도 재정비되었다. 드라이파크는 기존의 페스티발 월드라는 브랜드명을 마법과 모험의 나라를 체험하는 '에버랜드'로 변경했으며, 사계절 물의 나라를 체험하는 '캐리비안 베이', 자동차 경주를 체험할 수 있는 '에버랜드 스피드 웨이', 자연 속 가족별장을 체험하는 '홈브리지', 골프를 체험하는 '글렌로스골프클럽', 단합대회 및 체육행사 등을 체험할 수 있는 '액티바

파크'로 브랜드를 재정비했다. 이처럼 각각의 상이한 체험을 개별적인 독립 브랜드화함으로써 에버랜드 리조트는 단순한 테마파크가 아닌 숙박, 스포츠, 유통, 연수시설을 갖춘 복합 리조트 타운으로 거듭나려는 의지를 보이고 있다. 단기적으로는 아시아를 대표하는 리조트 타운을 지향하고 있다지만, 어쩌면 제2의 라스베이거스와 같은 가족형 체험의 명소로 발전하지 않을까 내심 기대해 본다.

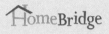

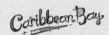

고객과 만나는 찰나를 놓치면?
죽거나, 혹은 나쁘거나

그 동안 좋은 시간을 숱하게 나누어왔으면서도 짧은 순간의 작은 실수로 크게 싸우거나, 평생 서로를 보지 않게 된 사람들……. 그렇다면 짧은 순간에도 오랜 관계의 가치만큼 중요한 무언가가 존재하는 것일까?

사랑하는 영아와의 데이트에 앞서 많은 준비를 한 경민. 두 사람은 즐겁게 영화를 보고 경민이 예약한 레스토랑으로 향했다. 그러나 레스토랑으로 들어서는 순간 먼저 들어간 경민은 영아가 들어올 때까지 문을 잡아주는 것을 잊었다. 결국 영아는 문에 부딪히게 되고 크게 마음이 상하는데…… 그 전까지 경민이 준비한 모든 것에 만족하며 즐거워했던 영아는 왜 경민의 그 작은 실수에 그토록 심하게 토라졌을까?

진실의 순간

과학자들에 따르면, 어떤 이성(異性)을 본 뒤 우리의 뇌가 상대의 매력을 판단하는 데 걸리는 시간은 불과 1초도 안 된다고 한다. 또한 대화를 통해 상대의 매력을 판단하는 데 걸리는 시간도 90초에서 4분 가량이라고 한다. 그 짧은 순간의 끌림이 사랑이라는 감정을 이끌어내는 것이다. 오랜 시간 동안 지속된 인연 속에서 얻게 된 사랑도, 사실은 그 감정을 깨닫는 데 시간이 걸렸을 뿐, 그 감정은 짧은 순간에 이미 형성된 것이라고 한다.

사랑에 빠진 사람들에게 "언제 상대방에게 사랑을 느꼈냐?"고 물으면 많은 사람들이 "처음 본 순간", "힘들 때 위로해 주던 순간", "오랫동안 알고 지내던 친구가 어느 날 예쁘게 보이면서 이성으로 느껴지던 순간"처럼, 긴 시간이 아닌 어떤 '짧은 순간'이라고 답한다. 즉 상대방에게 빠져드는 데 가장 중요한 것은, 사랑의 감정을 일시에 증폭시켜 줄 수 있는 '짧지만 매우 중요한 한 순간'이며, 이 짧은 순간은 때때로 길고 긴 시간 이상의 가치를 가진다.

이러한 사랑의 법칙은 남녀 사이에만 작용하는 것이 아니다. 부모와 자식 사이, 친구 사이, 그리고 기업과 고객 사이도 똑같다. 당신의 고객이 당신의 서비스의 제품, 그리고 브랜드에 빠져드는 데 가장 중요한 것은 바로 그 우호적 감정을 증폭시켜 줄 수 있는 짧지만 매우 중요하고 결정적인 순간이며, 흔히 이것을 '진실의 순간(Moment of Truth : MOT)'이라고 부른다.

진실의 순간이란 스페인의 투우 용어인 'Moment De La Verdad'를 영어로 옮긴 것으로, '투우사가 소의 급소를 찌르는 순간', 즉 생(生)과 사(死)를 결정짓는 매우 중요한 순간을 의미한다. 후에 스웨덴의 마케팅 학자 리처드 노만(R. Norman)이 서비스 품질관리에서 이를 처음으로 사용하면서부터 이 용어는 '고객이 조직의 어떤 일면과 접촉점에서, 그 조직 및 품질에 대해 어떤 인상을 받는 순간이나 사상(事象)'을 의미하게 되었다. 그리고 이후 이 용어는 또다시 스칸디나비아항공(Scandinavian Airlines)의 사장 얀 칼슨(Jan Carlzon)이 1987년 《결정적 순간 15초(Moments of Truth)》이라는 책을 펴내면서 급속도로 보급되기 시작했는데, 여기서 칼슨은 비행기의 불결한 트레이를 예로 들어 진실의 순간이 갖는 중요성을 설명했다.

가령 승객들이 자신의 트레이가 지저분하다고 느끼면, 순간 탑승하고 있는 비행기 전체를 불결하다고 느끼게 된다는 것이다. 반대로 비행기에 탑승하는 순간 승무원의 친절한 인사와 좌석 안내만으로도 이 항공사가 제공하는 서비스가 매우 친절하다는 인상을 받게 된다.

이처럼 진실의 순간은 고객에게 서비스 품질을 보여줄 수 있는 15초 내외의 극히 짧은 순간이지만, 서비스 제공 기업에 대한 인상을 좌우한다. 즉 고객으로 하여금 이 기업이 자신이 가치를 제공하고 합당한 가치를 제공받을 수 있는, 사랑에 빠져도 될 기업인지 아닌지를 결정하게 만드는 매우 중요한 순간인 셈이다.

곱셈의 법칙

짧지만 극과 극의 결과를 가져올 수 있는 이 중요한 순간을 이야기할 때, 우리가 간과해서는 안 될 사실이 하나 있다. 바로 진실의 순간은 중요한 가치를 만드는 순간이지만, 동시에 그간 쌓아온 관계와 가치를 순간에 무너뜨리는 순간이 될 수도 있다는 점이다. 즉 상대방을 만족시키고 행복하게 만든 많은 시간들이 한 순간의 실수와 잘못으로 원점으로 돌아갈 수도 있다는 사실이다.

사랑하는 연인들은 진실의 순간들을 통해 사랑을 느끼고 확인하고 상대방에게 더 깊이 빠져든다. 그러나 마찬가지로 상대방의 짧은 순간의 실수나 잘못 때문에 등을 돌리기도 한다. 실제로 헤어진 연인들에게 이유를 물어보면, 많은 경우 사소한 말다툼이나 한 순간의 실망 때문에 몇천 몇만 배 더 긴 사랑의 시간들을 버리는 경우가 많다는 것을 알 수 있다. 물론 사랑이 깊으면 한두 번의 작은 실수들은 용서하기도 하지만, 사랑에 빠진 것이 순간이었던 것처럼 이별을 결정하는 일도 순식간에 일어나며, 언제가 이별 순간이 될지는 사랑을 하고 있는 당사자들도 알 수가 없다는 것이다.

고객에게 가치를 제공하고 고객에 의한 가치를 제공받는 일에서도 이같은 일이 빈번하게 일어난다. 엄밀히 말해 진실의 순간에서는 '덧셈의 법칙'이 아닌 '곱셈의 법칙'이 작용한다. 고객이 여러 번에 걸쳐 기업으로부터 충분히 만족스러운 가치를 제공받았다 하더라도, 단 한 순간 0점의 가치를 받으면 그간 느꼈던 기업의 가치도 0이 되어버린다는 뜻이다. 예를 들어 백화점에서 만족스러운 쇼핑을 하고 셔틀 버스를 타고 집으로 돌아가는데, 버스 출발이 지연되거나 버스 기사가 불친절하고 난폭운전까지 서슴지 않는다면, 전세 서비스에 대한 만족도 뒤시 0 땀으로 이득이는 동시에 2시간 이상 백화점에 만족하고 기꺼이 그 백화점을 사랑하기로 마음먹었던 고객의 마음도 차갑게 식어버리는 것이다.

때문에 고객에게 가치를 제공하고 고객의 사랑을 받고자 하는 기업들은 고객을 만나는 매 순간에 최선을 다해야 하며, 바로 지금이 이별 통보를 만들어낼 수도 있다는 마음으로 그들과 마주해야 한다.

결정적 순간 찾기

그렇다면 과연 어떤 순간이, 상대방이 나에게 사랑을 느끼기도 하고 냉정하게 돌아서기도 하는 순간일까? 그 순간이 언제인지를 어떻게 알 수 있을까?

이는 누군가를 사랑하거나 사랑받고자 하는 사람들이 가장 궁금해하는 질문일 것이다. 그리고 많은 이들이 그 답을 찾기 위해 자신이 어떨 때 사랑을 느끼고, 또 사랑을 버리게 되었는지를 떠올려볼 것이다. 그러나 이 경우, 많은 이들이 자신이 생각했던 답을 따르다가 실패할 것이다. 왜냐하면 상대방이 나에게 사랑을 느끼는 찰나는 내가 생각하는 순간과 다를 수 있으며, 그 순간은 철저하게 상대방의 기준에 근거하기 때문이다.

나는 생일이나 기념일 같은 특별한 이벤트에 만족과 감동을 느끼지만,

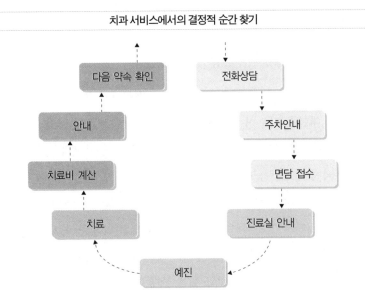

치과 서비스에서의 결정적 순간 찾기

상대는 그보다는 일상에서의 작은 기다림이나 양보에 더 큰 만족과 감동을 느낄 수도 있다. 나는 괴로운 일을 혼자서 감당하고 싶어하는데, 상대방은 괴로운 일이 있을 때 옆에서 힘이 되어주지 않으면 큰 실망과 불만을 느낄 수도 있다. 이렇듯 사람들은 서로 다른 생각과 느낌을 갖고 있기 때문에, 자신의 관점에서 진실의 순간을 찾는 것은 매우 위험한 일이다.

기업이 고객을 대할 때도 마찬가지다. 진실의 순간은 철저히 고객의 입장에서 바라보고 규명해야 한다. 기업의 입장에서는 그다지 중요하다고 생각하지 않았던 순간들이 고객에게는 매우 중요한 순간일 때, 또 기업은 매우 많은 시간과 노력을 투자했는데 그것이 고객에게는 그다지 중요하지 않을 때, 고객을 위한 가치를 제공하려던 기업의 노력은 물거품으로 돌아가고 고객과의 관계까지 돌이킬 수 없는 상황에 이르게 될 수도 있다.

그렇다면 해결책은 없는가?

일단 이와 같은 관계 단절의 위험에서 벗어나기 위해서는 상대방과 끊임없이 대화를 나누어 내가 사랑할 사람, 사랑하는 사람이 생각하는 진실의 순간들을 올바르게 파악하는 것이 중요하다. 사람과 사람 사이의 관계 유지에 대화만큼 중요한 것은 없다. 대화를 통해 상대방에게 소중한 것들을 파악하는 작업은, 당연하겠지만 묻지 않고 알아내려 드는 것보다 훨씬 정확하고 확실하게 상대를 이해할 수 있는 방편이다. 따라서 고객과의 대화를 기피하거나 무시하지 말아야 하며, 대화하기 전에 미리 짐작하지 말며, 끊임없는 대화를 통해 상대방의 진실의 순간들을 읽어내야 한다.

그러나 고객과 대화를 하고 그 대화를 통해 고객에게 제공하는 가치를 증폭시켜 줄 만한 진실의 순간을 찾아내는 일은 말처럼 쉽지만은 않다. 많은 기업들이 나름대로 고객의 관점에서 그 순간을 찾으려고 노력하고 있지만, 진실의 순간은 그 중요성이 곧바로 눈에 띄지 않는 만큼 찾아내기 또한 어렵다. 그래서 현재 많은 기업들이 일차적으로 기업과 고객이 만나는 접점을 결정적 순간으로 파악하고, 그 결정적 순간이 고객에게 어떤 영향을 미치는지를 인식하고 대응하는 방법으로 진실의 순간을 관리하고 있다.

실제로 기업의 서비스를 이용하는 고객들의 경우, 기업과 마주하는 일련의 결정적 순간들을 경험하면서 이 순간들이 축적되어 형성되는 이른바 서비스 사이클(service cycle) 안에 머무르게 된다. 그리고 이 결정적 순간들의 경험 축적이 바로 고객으로 하여금 그 기업과 관계를 지속할지 그만둘지에 대한 의사결정을 유발한다.

따라서 진실의 순간을 관리하기 위해서는 먼저 고객들이 기업과 만나는 지점이 어디인지를 명확하게 정의하는 접점(point of contact) 리스트를 작성할 필요가 있다. 이 접점 리스트를 작성할 때 주의해야 할 점은, 고객이 기업의 광고를 볼 때, 기업의 건물을 볼 때, 우편으로 받은 청구서나 문서를 접할 때 등처럼, 제품과 서비스를 구매하는 순간 외에 기업에 대한 일련의 인상을 받을 수 있는 모든 순간을 포함해야 한다는 사실이다.

항공 서비스의 결정적 순간의 예

- 정보를 얻기 위해 전화했을 때
- 예약할 때
- 공항 카운터에 다가갔을 때
- 순서를 기다리고 있을 때
- 탑승권 판매원이 고객을 카운터로 불렀을 때
- 탑승권을 발행할 때
- 출발 입구를 찾고 있을 때
- 보안 검사대를 통과할 때
- 출발 라운지에서 출발을 기다릴 때
- 티켓을 건네고 탑승할 때
- 좌석을 찾고 있을 때
- 수하물 보관소를 찾고 있을 때

모든 여자가 장미 꽃다발에 감동하는 것은 아니다
기대관리

〈그 남자〉

오늘은 그녀와 만난 지 1년째 되는 날이다. 어떻게 하면 그녀를 즐겁게 해줄 수 있을까? 그녀가 좋아하는 장미꽃 한 다발을 사고, 근사한 레스토랑에 예약을 해 놓아야겠다. 각종 모임에, 경조사에, 주머니가 가벼운 상태이긴 하지만 그녀를 위해서라면 이 정도는 투자해야지. 그녀도 기뻐하겠지?

〈그 여자〉

1주년 기념일. 그에게서 아직까지 못 들어본 '사랑한다'는 말을 오늘은 꼭 듣고 싶다. 친구들은 아직까지 그 얘기도 못 들었냐며 핀잔을 주지만, 아마도 그는 오늘을 위해서 그 말을 아껴두었을 거야. 영화나 드라마에서처럼 '사랑한다. 너는 내 영혼이야!' 까지는 아니더라도 "○○○야! 사랑해"라는 말 정도는 하겠지. 아! 정말 기대된다.

이러한 바람에도 불구하고, 이들의 1주년 기념일은 엉망이 되어버렸다. 와인 한잔을 기울이며 식사를 할 때까지는 좋았는데, 어찌된 일인지 집에 바래다줄 때까지도 그녀의 표정은 어둡기만 했다. 심지어 눈물까지 글썽한 것처럼 보였다. 그녀를 위해 시간과 노력, 비용까지 애써 마련한 그로서는 이해할 수 없는 일이었다.

한편, 그녀로서도 남자가 도저히 이해되지 않았다. 비싼 식사에 장미 꽃다발도 좋지만 그녀에게 중요한 건 그 사람의 진심어린 사랑 고백이었다. 단 한 마디면 되는데 그게 뭐가 어려운 건지……. 어쩌면 나를 사랑하지 않는 건 아닐까, 하는 생각에 너무 슬펐던 것이다.

그녀를 기쁘게 하려는 그의 노력에도 불구하고 이날의 이벤트는 결국 그녀의 불만족으로 끝나버리고 말았다. 무엇이 이러한 결과를 낳았을까? 바로 남자 쪽에서, '사랑한다'는 고백을 듣고 싶어하는 그녀의 기대를 충족시키지 못했기 때문이다.

이러한 현상은 기업과 고객관계에서도 예외가 아니다. 많은 기업들은 고객의 가치증대에 앞서 고객을 만족시키기 위해 노력한다. 그러나 고객의 기대를 충족시키지 못하면 고객만족을 얻어내기가 쉽지 않을 뿐 아니라, 고객에게 높은 가치를 제공하는 일 역시 어려워진다. 지금 이 순간부터 효과적인 서비스 기대관리에 집중하고 고객의 만족을 확보함으로써,

고객을 위한 가치를 높이는 일에 주력해 보자.

고객은 언제 만족할까?

그렇다면 고객은 언제 만족할까?

기대-불일치 이론에 따르면, 만족이란 기대와 성과의 차이로 결정된다. 즉 구매 전에 기대했던 것과 실제로 구매한 후에 느끼는 성과가 관건이라는 뜻이다. 즉 기대보다 성과가 좋으면 만족하게 되고, 기대보다 성과가 좋지 않으면 불만족하게 된다.

우리는 흔히 영화가 개봉하기 전에 예고편이나 광고를 통해 각자의 기대를 형성한다. 그 후 실제로 영화를 보고 난 후에 기대 이상, 또는 기대 이하라는 감정을 느끼게 된다. 여기에서 중요한 것은 제작사가 탄탄한 시나리오나 제작비에 막대한 비용을 투자하고 초호화 캐스팅을 하는 것만으로는 고객을 만족시킬 수 없다는 것이다. 기대-불일치 모형에서도 알 수 있듯이, 아무리 성과가 좋아도 고객의 기대가 너무 컸다면 무용지물에 불과하다.

즉 현재 기업에 있어 고객의 기대관리(expectation management)는 제품이나 서비스의 질을 높이는 것만큼이나 중요한 부분으로 인식되고 있다. 영화 〈형사〉의 경우 이명세 감독과 중견배우 안성기, 드라마 〈다모〉에서 큰 인기를 얻은 하지원을 비롯해 당시 인기 절정이었던 강동원을 캐스팅해 많은 주목을 받았다. 그러나 영화평론가들 사이에서는 나름대로 긍정적인 평가를 받았지만, 여러 사이트들의 영화 평에서 알 수 있듯이 대중들의 기대관리에 실패함으로써 당초 예상에 못 미치는 저조한 성적을 내고 말았다.

> "액션영화인 줄 알고 보러 갔더니 뮤직비디오더라."
> _〈형사〉 영화 평 중에서

앞서 설명한 1주년 기념일을 실패한 남녀도 이와 마찬가지다. 남자가 그녀의 기대를 조금이라도 파악했더라면, 굳이 비싼 식사와 장미꽃에 비용을 투자하지 않고도 그녀를 기쁘게 만들어줄 수 있었을 것 아닌가.

고객들은 심술쟁이가 아니다

그렇다면 어떻게 복잡 미묘한 고객의 마음을 사로잡을 수 있을까? 다행인 것은 고객이 무조건 까다로운 사람들은 아니라는 점이다. 고객의 기대란 어떤 성과에 대해 소비자가 가지는 사전적 신념으로, 실제 서비스나 제품을 평가하는 표준(standard) 또는 준거(reference)가 되는데, 크게 희망 서비스, 적정 서비스, 그리고 허용 영역으로 구성된다.

희망 서비스는 제공받게 될 서비스에 대한 희망 수준, 즉 바람과 소망을 의미한다. 이와 관련된 개념으로 이상적 서비스(ideal service)가 있다.

이는 고객이 기원하는 서비스 수준, 즉 바람직한 서비스 수준을 말한다. 앞서 말한 1주년 커플의 그녀에게는, 드라마처럼 '사랑한다. 너는 내 영혼이야' 나는 이루어질 만한 고백이 이상적 서비스에 해당된다

반면, 적정 서비스란 고객이 불만 없이 받아들일 수 있는 서비스 수준, 즉 최소한의 허용 가능한 기대 수준 또는 수용할 수 있는 최하 수준을 의미한다. 고객은 희망 서비스 수준을 갖고는 있지만 그것이 언제나 충족되는 건 아니라는 사실을 잘 알고 있다.

위의 경우에서 여자는 남자에게 드라마처럼 낭만적이지는 않더라도 차선책으로 '○○○야! 사랑한다' 라는 말을 듣고 싶어했다. 이것이 바로 여자가 남자에게 기대하는 적정 서비스에 해당된다.

허용 영역이란 희망 서비스 수준과 적정 서비스 수준 사이의 간격으로, 서비스 실패가 잘 드러나지 않는 미 발각 지대다. 만약 제공된 서비스가 적정 서비스 수준 이하라면, 그 기업에 대한 고객의 만족도는 감소할 것이다. 그러나 만약 제공받은 서비스가 희망하던 수준 이상이라면, 고객은 기뻐하고 심지어는 놀랄 수도 있을 것이다. 희망 수준은 대개 잘 변하지 않지만 적정 서비스 기대 수준은 동일한 고객이라도 쉽게 변할 수 있기 때문에 허용 영역도 상당한 탄력성을 가진다.

예를 들어, 어린이날을 맞이하여 가족들이 에버랜드에 놀러갔다고 하자. 어린이날 에버랜드는 평소 때보다 3배 이상이나 더 붐빈다. 이럴 경우 놀이기구를 타기 위해 줄을 서서 기다리는 대기 시간에 대한 허용 영역도 다른 때보다 넓어지게 된다.

고객의 기대관리, 어떻게 해야 하나?

앞서 살펴봤듯이 기업의 성과가 올라간다고 고객의 만족도가 비례 상승하는 것은 아니므로, 기대를 관리하는 일은 더없이 중요하다. 그렇다면 고객의 기대관리는 어떻게 해야 할까?

가장 이상적인 기대관리 전략은 고객이 받게 될 서비스 수준을 정확하게 알리고, 더 나아가 고객이 원하는 수준에 정확히 맞추는 것이다. 이를 위해서는 마케팅 조사를 실시하여 구매 전 고객의 기대가 무엇인지를 이해하는 것이 중요하다. 또한 구매 당시나 구매 후에도 지속적인 소비자 조사가 필요하다. 그러나 매번 이런 방식을 사용하는 것은 현실적으로 어려우므로, 다음의 심리법칙을 사용하여 고객의 기대를 관리하는 것도 상당히 유용하다.

1. 유종의 미! – 마무리는 강하게!

사람들은 경험을 회상할 때 모든 순간을 기억하지 못하는 대신, 몇 가지 중요한 순간만큼은 생생하게 기억한다. 순서효과에 따르면 고객의 기억은 마지막 부분에 특히 강하다고 한다. 따라서 초기에 제공하는 서비스의 강도는 약하게 하고, 마지막으로 향할수록 점점 그 강도를 높이면 고객만족에 효과를 거둘 수가 있다.

남녀 관계에서도, 만나는 초기부터 상대방에게 각종 선물이나 애정공세를 펴게 되면, 여자친구 또는 남자친구의 기대치도 점점 높아지게 된다. 이렇게 되면 앞으로는 어떤 노력을 해도 상대방을 만족시키기 어렵다.

한 인터넷 쇼핑몰의 경우, 오픈 초기에는 무료배송과 각종 사은품으로 많은 고객을 끌어들여 매출을 높였지만, 기업의 부담 비용이 늘어나면서 특정 금액 이상만 무료배송을 해 주기로 공지했다. 그러나 이미 무료배송 서비스에 익숙해진 고객들은 왠지 혜택이 줄어든다는 느낌에 사로잡혀 많은 수가 타 쇼핑몰로 옮겨갔다. 이처럼 초기에는 고객의 기대를 높였는데 지속적으로 그 기대를 충족시키지 못하면, 고객은 결국 불만족할 수밖에 없다.

2. 매도 먼저 맞는 게 낫다 – 안 좋은 경험을 먼저!

좋은 소식과 안 좋은 소식이 있으면, 대부분 안 좋은 소식을 먼저 들으려고 한다. 고객도 마찬가지다. 안 좋은 소식을 들은 뒤에 좋은 소식을 들으면 그 기쁨도 더 크게 느껴질 것이다. 저녁식사 시간대의 패밀리 레스토랑을 상상해 보라. 항상 붐비는 시간인 걸 알면서도 꼭 그 장소에서 식사를 하고 싶은데, 예상했던 대로 종업원은 30~40분 정도 기다려야 한다고 말한다. 결국 고객은 실망하고 어쩔 수 없이 기다리게 되지만, 그때 종업원이 따끈한 차를 대접하며 "오래 기다리시게 해서 죄송합니다. 기다리시는 동안 차라도 드세요"라고 말한다면 고객의 실망도 한층 줄게 된다.

3. 슬픔을 나누면 반이 되고, 기쁨을 나누면 배가 된다
– 고통은 묶고 기쁨은 나누자!

사람들은 각각의 이득과 손실에 똑같은 크기로 반응하지 않는다. 예를 들어 도박에서 두 번에 걸쳐 1만 원씩 2만 원을 따는 것과, 아예 한 번에 2만 원을 따는 것을 비교해 보자. 이득을 볼 때는 볼록한 함수로, 손실을 볼 때는 오목한 함수로 가치를 표현하는 기대이론(prospect theory)에 따르면, 대부분의 사람들은 한 번에 다 따는 것보다는, 두 번 이기는 것을 좋아한다. 따라서 기업들 역시 기쁜 경험은 여러 단계로 나누고, 좋지 않은 경험은 한 번에 제공하는 효과적인 방법을 사용할 필요가 있다.

예를 들어 점심 할인메뉴를 제공하는 레스토랑에서 40%의 할인을 제공하려 한다. 이때 40%의 할인을 한 번에 광고하는 대신, 30%의 기본할인+발렌타인데이 기념 10% 추가할인이라고 나누어 광고한다. 그러면 소비자들은 40% 할인보다 30%+10% 할인이 더 가치가 크다고 생각하게 된다. 이 전략은 다음과 같이, 특히 홈쇼핑에서 자주 발견할 수 있다.

> "CJ홈쇼핑 런칭 기념~ 독점 구성, 숨 쉴 수 없는 파격 혜택!
> 199,000원에 18K 골드 목걸이와 팔찌!
> 추가 구성 정품 〈로만손〉 레이디 시계까지!!"

진작부터 18K 목걸이와 팔찌를 구입할 의사가 있는 사람들은 기꺼이 199,000원을 주고 물건을 구입한다. 하지만 추가로 시계까지 얻을 수 있다는 혜택은 구매 의사가 없는 사람들의 구매까지 유도한다. 같은 내용이더라도 '목걸이와 팔찌, 시계를 199,000원에 드립니다'보다는 '목걸이와 팔찌를 199,000원에 만나볼 수 있습니다. 오늘의 특별 찬스. 여기에 추가 구성으로 로만손 시계까지 드립니다'가 고객의 기대관리 측면에서 더 효과적이라는 뜻이다.

4. 고객이 직접 선택하게 하라!

사랑하는 연인에게 값비싼 선물을 해줬는데 서로 취향이 달라 결국 상대가 그것을 한 번도 사용하지 않은 적이 있을 것이다. 연인들이 주고받는 선물의 만족도를 높이려면, 상대가 직접 선택하도록 하는 것이 좋다. 한 연구에 따르면, 헌혈을 할 때 자신의 피를 주게 될 사람을 직접 선택하면 공포나 불편감이 훨씬 덜하다고 한다. 즉 인간은 상황이나 불편한 것에 대해 통제력을 갖게 될 때 훨씬 편안한 기분을 느낀다.

많은 미용실들이 처음 방문한 손님들에게 헤어 디자이너를 직접 선택하라고 권유한다. "일반 헤어 디자이너를 선택하시겠어요? 실장님께 하시겠어요? 실장님께 맡기실 경우에는 10% 프리미엄이 추가됩니다.", "일반 펌 하시겠어요? 모발을 보호하는 영양 마사지도 추가하시겠어요?", "스타일은 어떻게 해 드릴까요?" 등처럼, 미용실의 경우 모든 선택을 고객에게 맡김으로써 새로운 미용실과 헤어 스타일에 대한 불안감을 줄여준다.

어느 날 당신이 이국적인 인도 레스토랑에 갔다고 하자. 많은 손님들이 '달 부카라', '달 타르카', '나브라탄 커리' 등과 같은 메뉴에 익숙지 않다. 이때 고객이 도움을 요청하면 종업원이 곁에서 메뉴 선택이 쉽도록 이것저것 설명을 곁들여주는 모습을 보게 될 것이다.

5. 의례를 제공하라!

"어머 너무 어려 보이세요.", "두 분 아주 잘 어울리시는데요." 물건을 사러 가면 매장에서 흔히 들을 수 있는 의례적인 인사치레다. 고객들은 그것이 판매를 위한 상술이라는 것을 알면서도 싫지 않은 내색이다. 그만큼 의례는, 고객과 기업 사이에 매우 중요한 연결 고리 역할을 한다. 이 같은 의례들은 중요한 관계의 순간들을 분명히 하는 데 유용하며, 소속감을 주거나 고객을 칭찬하거나 기대를 설정하거나 피드백을 받는 데 사용된다.

선장과의 저녁식사와 한밤의 뷔페를 제공하는 크루즈 여행, 영화 시사회 및 주연배우들의 무대 인사 등이 그 대표적인 예로, 이러한 의례들은 소비자들의 경험 지각에 매우 중요한 영향을 미친다. 회사 대표의 이름으로 고객들에게 연하장을 보내는 행사도 여기에 해당된다.

W호텔은 워커힐 호텔에서 1,600여 억 원을 투자해 2004년 개관한 특1급 호텔이다. 객실 점유율이 높은 워커힐의 고객을 분산시키고 소비 성향이 강한 젊은 고객들을 유치하기 위해 의욕적으로 건축된 W호텔은, 건설단계에서부터 세계 일류의 인테리어 디자이너를 영입하고 첨단시설을 구축함으로써 주목을 받았다. 글로벌 호텔 브랜드인 W는, 품격과 격조가 중신되는 고급 호텔 시장에서 현대적인 감각을 살린 호텔로 명성을 얻었고, 서울 W호텔이 아시아 최초의 W호텔이라는 점에서 고객들의 기대도 남달랐다. 또한 개관 초기에도 한국 최초의 6성급 호텔이라는 소문이 돌면서 인지도와 이미지 구축에 성공 가도를 달리는 듯했다.

그러나 개관 초기 W호텔의 성적은 성공적이지 않다. W호텔의 객실 점유율은 2005년 기준으로 40%를 기록해, 서울의 다른 특1급 호텔의 평균인 75%에 훨씬 못 미쳤다. 우리나라 호텔 고객 대부분이 비즈니스 목적의 40대 이상 남성 층이라는 상황 때문에 젊은 층을 공략하기가 어렵기도 했지만, 좀더 근본적인 원인은 고객의 기대관리 실패에 있었다.

고객들은 전 객실이 특실이라는 이야기에 방이 2개 정도 딸린 스위트룸을 떠올렸으나, 실제로는 모든 방이 7~12평에 불과했다.

현대적인 이미지의 인테리어는 세련미를 풍겼지만, 그 대가로 고풍스럽고 중후한 멋을 포기해야만 했다. 따라서 고객들은 '생각보다 별로다' 라는 평가를 내리게 되었다. 물론 W호텔이 국내 최고급의 서비스를 제공한 것은 사실이나, 고객의 기대를 너무 올려놓은 탓에 상대적으로 높은 만족도를 확보하기가 어려웠던 것이다.

당신의 고객은 만족하고 있습니까?
고객만족 측정

'연애 초기만 해도 건강한 게 좋다며 밥 잘 먹는 모습에 흐뭇해하던 그녀가, 이제는 많이 먹는다고 구박하질 않나……. 다른 남자들은 이것도 해주고 저것도 해준다며 비교까지 한다. 이제는 공식적인 연인인 만큼 우리 관계도 안정되었다고 생각했는데, 도대체 뭐가 잘못된 거지? 애정이 식은 걸까? 내가 그렇게 문제 많은 사람인가? 혹시 더 좋은 사람이 생긴 건 아닐까?'

며칠 동안 고민에 빠진 그는 중대한 결심을 내렸다. 그녀에게 자기를 어떻게 생각하는지 허심탄회하게 물어보기로 한 것이다. 그러자 그녀는, 조심스럽게 좋았던 점, 서운했던 점을 얘기했고, 자기 얘기를 귀담아 듣는 그를 보며 마음이 풀리기 시작한 듯했다. 그 역시 자기가 잘했던 점을 들을 때는 뿌듯해하고, 잘못했던 일은 돌이켜보며 앞으로는 같은 실수를 하지 않기로 다짐했다. 이후 그들은 가끔 이런 기회를 만들어 서로에게 더 좋은 사람이 되기로 약속했다.

이 같은 남녀 상황에서처럼, 기업 역시 수시로 고객의 소리에 귀를 기울여야 한다. 고객들은 일상 속에서 매일같이 수많은 기업들을 접하게 된다. 이마트, 까르푸 같은 대형 할인매장만 가도 판매 장소를 제공하는 유통업체들부터 다양한 제품을 제조 · 판매하는 기업들을 만나게 되지 않는가. 때문에 고객들은 매일매일 특정 기업에 대한 나름의 평가를 내릴 수밖에 없으며, 이러한 평가는 상황에 따라 시시각각 변하게 된다.

고객들은 좋은 제품 · 서비스 · 경험을 제공하는 기업에 대해서는 만족하다는 결론을 내리고, 그 기업이 고객의 가치를 높이기 위해 노력한다고 느끼지만, 반대로 좋지 않은 제품 · 서비스 · 경험을 제공하는 기업에는 불만족할 뿐 아니라 스스로가 그 기업에게 가치 있다고 느끼지도 않는다. 그러나 기업 입장에서는 이들 고객이 자사의 제품이나 서비스에 만족하는지 불만족하는지 알 수 없다. 따라서 고객의 만족 상태를 수시로 점검하는 것만이 고객의 평가에 귀 기울일 수 있는 최선이라 하겠다.

측정이 없으면 개선도 없다

기업에 있는 많은 사람들이 이렇게 이야기한다. "내 업무는 물건 만드는 일이 아니니, 그 물건이 소비자에게 어느 정도의 만족감을 주는지 불만족스러운지 알 길이 없다."는 것이다. 이에 대해 식스시그마 창시자 마이클 해리는 "측정이 없으면 개선도 없다"고 일갈했다. 즉 모르는 것은 실천에 옮길 수 없으며, 측정에 무심한 것은 아예 알려는 노력을 포기하는 것과 같다는 것이다. 이는 고객가치를 향상시키기 위해서는 고객의 욕구 변화에 끊임없는 대응하고 대책을 마련하는 일을 간과해서는 안 된다는 것을 강조하는 대목이다.

고객만족 측정의 중요성은 페덱스(FedEx)의 기업철학인 P-S-P에서도 엿볼 수 있다. 직원(People)만족을 우선으로 하면 서비스(Service)가 좋아지고, 서비스가 좋아지면 이익(Profit)이 나게 마련이라는 페덱스의 P-S-P 경영철학은 서비스 이익(Service Profit)의 선순환에 근간을 두고 있다. 페덱스는 경영이념을 실천하기 위해 내·외부 고객의 만족도를 측정하고 관리했다. 직원만족과 고객만족 측정을 위해 각각 SFA(Survey·Feedback·Action) 프로그램과 SQI(Service Quality Indicator)를 도입해 만족 상태를 체크하고, 내·외부 고객의 만족도를 향상시키기 위해 노력한 결과, 창업 후 10년간 가장 성장률이 높은 회사로 자리매김할 수 있었다.

경영 여건이 어렵다고 근시안적 자세로 고객만족경영에 투자되는 인적·물적·금전적 요소를 감축하거나 폐지하다 보면, 지금까지 이룬 실적까지 훼손될 수 있다. 따라서 이런 면에서 신중한 의사결정을 내리는 것도 고객만족 측정을 통한 현명한 경영개선 활동임을 기억하자.

고객만족 측정에서 빠지기 쉬운 두 가지 함정

가령 당신의 회사가 고객만족 속성에서 높은 만족도를 받았다고 치자. 지금부터는 어떤 판단을 내리겠는가? 아마도 일선 관리자들의 일반적인 생각은 다음과 같을지도 모른다.

"우와! 만족한 고객과 매우 만족한 고객이 82%나 되고, 보통이라고 응답한 고객도 10%나 되는군. 게다가 보통이란 부정적인 의미는 아니니까 긍정에 가깝다고 치면 거의 92%나 되는 고객이 우리 회사를 좋게 생각하고 있다는 거잖아. 반면 부정적인 생각을 갖고 있는 고객은 8%밖에 되지 않으니 우리 회사의 고객만족도는 매우 높은 수준이군. 이 정도면 충분하지. 이제는 고객만족도에 그리 신경 쓰지 않아도 되지 않겠어?"

그러나 이는 아주 잘못된 생각이다. 애석하게도 충분한 고객만족이란 애초부터 존재하지 않는다. 경영환경이 급변하고, 경쟁이 심화되고, 고객들이 접하게 되는 제품·서비스는 물론 정보의 양까지 늘면서 고객의 만족도 시시각각 변하기 때문이다. 따라서 특정 기업에 대한 고객만족도 수준 역시 상황에 따라 달라질 수밖에 없다는 점을 염두에 두고, 지금부터 고객만족 측정에서 빠지기 쉬운 두 가지 함정에 대해 살펴보자.

첫 번째 함정 : 고객만족도를 높이려면 낮은 점수대의 고객에게 집중하라?

기업들은 보통 높은 고객만족도를 위해 평균 점수를 높이려고 애쓴다. 즉 점수가 낮은 고객에게 집중하는 경향이 있다는 뜻이다. 이는 고객만족의 근본을 모르고 하는 이야기다. 평균 점수가 높다고 그 기업의 고객만족도가 안전한 수준에 있다고 생각하는 것은 어불성설이다. 고객만족 점수는 중고등학교 때 담임선생님으로부터 흔히 듣던 기말고사의 학급 평균 점수가 아니다. 성적이 좋지 않은 학생이 열심히 공부해 성적이 오르면 학급 평균도 올라가지만, 이는 우수한 학생들이 성적을 일관되게 유지했을 경우에 해당되는 이야기다.

다시 고객만족도로 돌아와보자. 기업이 고객만족도 평균 상승을 위해 낮은 점수대의 고객에게만 집중하고 높은 점수대의 고객을 소홀히 할 경우, 낮은 점수대 고객의 만족도는 어느 정도 향상된다. 그러나 높은 점수대의 고객만족도는 하락하는 일이 발생한다. 이때 평균 점수는 다소 높아지지만, 진정한 만족도를 느끼고 기업에 가치를 제공하던 알짜 고객의 비율은 줄게 된다.

고객을 정확히 규정하지 못한 기업들, 또는 의도한 대로 그 고객들을 분류하거나 그 만족도를 측정하지 못한 기업들에 있어 고객만족 측정은 그저 숫자에 불과하다.

가령 1점대에서 5점대에 이르는 점수 분포도에서 평균 3.5점이라는 고객만족도를 얻었다고 치자. 지금 여러분의 기업은 그 점수에 안도하고 있지는 않은가?

그렇다면 다음의 함정을 기억하라.

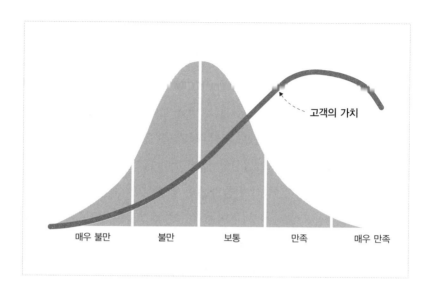

고객의 가치

| 매우 불만 | 불만 | 보통 | 만족 | 매우 만족 |

두 번째 함정 : 만족고객을 완벽히 만족시키기 위한 투자는 현명하지 못하다?

많은 기업들이 '만족한' 고객과 '매우 만족한' 고객을 비슷하게 생각한다. 따라서 만족한 고객은 우리의 영원한 고객이 되어줄 것이라고 착각하게 된다. 유명 기업 제록스의 사례를 보면 이러한 착각이 얼마나 위험한지 알 수 있다.

1987년 제록스의 최고 경영진들이 한자리에 모였다.

추락하는 시장점유율 때문이었다. 결국 제록스의 경영진들은 시장점유율을 끌어올리기 위한 노력의 일환으로, 고객만족을 기업의 우선 목표로 확립해 고객들의 고객만족도와 고객충성도를 측정해 보았다. 그들은 설문조사를 통해 제록스에 4점(만족)을 준 고객과 5점(매우 만족)을 준 고객들의 재구입 의사를 비교했는데, 그 결과 5점을 준 고객들이 4점을 준 고

객보다 무려 6배나 더 많은 구매의사를 표현했다. 즉 만족과 고객충성도
는 일직선을 그리는 비례 관계가 아니라 활 모양을 띠었다.

뿐만이 아니다. 오피니
언 리서치가 소매 은행예
금자들을 대상으로 조사한
결과, 완전히 만족한 고객
은 만족한 고객들에 비해
42%나 높은 충성도를 보
이는 것으로 나타났다. 그
리고 이렇게 '매우 만족

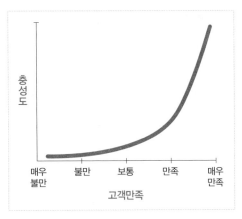

한' 고객이 기업에 제공하는 성과가 일반 '만족한' 고객에 비해 급수적으
로 큰 만큼, 단순한 만족에 치중하는 대신 고객들에게 '완벽한' 만족을
안겨주는 데 전력을 다해야 한다는 사실을 깨달았다.

불만고객의 침묵은 금이 아니라 독이다
: 불만족도를 측정하라

지금까지는 고객만족 측정만을 강조해 왔다. 그러나 또 하나의 긴장
요소, 많은 불만고객들은 침묵을 지킨다는 점도 잊지 말자.

미국의 한 교회에서 일어난 일이다. 연단에 선 목사는 부부싸움에 관해

설교를 시작하기 전, 신도들에게 다음과 같은 질문을 던졌다.

"여기 계신 부부들 중에 지난 3년간 부부싸움을 한 번도 안 하신 분들은 손을 들어보세요."

모두 눈치를 보고 있는 가운데, 저 뒤쪽에서 주춤대며 한 신사가 손을 들었다. 그 순간 바로 옆에 있던 그 신사의 부인이 속삭였다.

"참고 사니, 내가 당신한테 불만이 없는 줄 알아요? 싸울 일이 없어서 안 싸우는 게 아니라 내가 포기한 거라구요."

이와 마찬가지로 아무 말을 하지 않는다고 그 고객이 기업에 만족하고 있다고 볼 수는 없다. 고객이 침묵할 때, 그때가 바로 기업이 가장 긴장해야 할 시기이다. 고객들은 다른 사람들에게 좋거나 나쁘거나에 대해 특별한 경험만을 이야기하는 경향이 있다. 전반적으로 볼 때 고객 중 아주 극소수만이 자신의 목소리를 서비스 공급자에게 전달한다. 실제로 거의 모든 서비스에서, 기업에 불만을 토로한 불만족 고객들은 전체 가운데 3분의 1 미만이었다. 나머지 고객들은 그냥 다른 방법으로 해결하려 들거나 그저 다른 사람들에게 투덜거리고 끝내버리는 경우가 대부분이다.

이제 기업은 불만고객을 방치할 것이 아니라, 그들이 왜 불만족스러운지 그 이유를 파악해야 한다. 엄밀히 말해 불만을 토로하는 고객일수록 그 불만이 해결되기를 바라며, 최소한 그 기업에 애정을 가진 사람들이다. 또 불만고객들은 자신의 불만이 신속하고 만족스럽게 해결된 경우 약 80%가 다시 그 기업을 이용한다고 한다.

따라서 불평하는 고객에게는 신속하고 비중 있는 응대가 필요하며, 불만의 내용을 경청해 이해와 용서를 구해야만 이들을 단골고객으로 이끌 수 있다. 즉 그 회사의 제품이나 서비스에 무관심하거나 재구매 의사가 없다면 불평도 않게 된다는, 매우 자연스러운 이치를 파악해 더 성실히 응대할 필요가 있다는 뜻이다. 고객의 만족도 측정에만 치중하는 대신, 고객의 불만족까지 적극적으로 측정해 개선하는 것이야말로 고객을 잃는 일을 방지하는 최선의 길이다.

불만고객을 효율적으로 관리해 수익 개선에 성공한 스웨드뱅크(Swedbank)의 사례를 보자. 스웨덴의 가장 큰 은행인 스웨드뱅크는 수년 전 은행에 대한 규제 완화로 10개의 은행을 인수한 후, 고객만족도는 개선되었지만 수익은 저하되는 기현상을 앓았다. 이후 스웨드뱅크는 고객의 은행 거래를 수익과 비용 측면에서 자세히 조사했고, 그 결과 약 80%의 고객이 전혀 수익을 창출하지 않고도 은행 서비스에 대해서만큼은 대만족이었던 반면, 은행 수익의 100% 이상을 창출하는 나머지 20% 고객이 대체로 서비스에 불만족하고 있음을 발견했다.

결국 스웨드뱅크는 이를 근거로 고수익 고객에 대한 새로운 투자를 실시했는데, 이 과정에서 일부 고객을 놓치기도 했지만 결과적으로 수익을 올리는 데 성공했으며, 이탈 고객을 제외한 수익 창출 고객들은 새로운 서비스에 만족하며 은행을 더 활발히 이용하기 시작했다.

고객의 만족 수준별로 상이한 대응 전략이 필요하다

고객만족은 측정 자체에 미미기 효과기보근 활용하는 것이 더 중요하다. 고객만족 측정을 통해 얻은 정보를 바르게 활용하기 위해서는 고객 각각에 대한 고객만족과 로열티를 측정해야 한다. 먼저 고객만족과 고객 로열티를 그래프로 만들어보자. 불만족한 고객이라고 모두 버릴 수는 없다. 불만을 갖고 있는 고객을 진정한 나의 고객으로 전환시키는 것이 관건이며, 이를 위해서는 고객만족 수준별로 상이한 전략을 수립해야 한다.

가령 5점 척도를 이용해 고객만족을 측정했다고 해보자. 편의상 1~2점이라고 응답한 고객은 불만족한 고객, 3점이라고 답한 고객은 보통 고객, 4~5점은 만족한 고객이라고 할 때, 각각 이들에게 어떤 대응을 펼쳐야 할까?

첫째, 불만족한 고객을 위해서는 기본적인 제품 기능과 서비스 제공을 향상시켜야 한다. 대부분의 불만족은 제품·서비스 자체 등 본질적인 측면에서 발생할 가능성이 높다. 따라서 이 경우에는 본질적인 기능을 강조해 불만족 고객이 만족할 수 있는 여건을 만들어주어야 한다.

둘째, 보통이라고 응답한 고객은 기업의 노력 여하에 따라 만족한 고객이 될 수도 있고, 불만족한 고객으로 전락할 수도 있다. 따라서 이들을 만족한 고객으로 변모시키기 위해서는 적정한 지원 서비스를 제공하고, 문제가 발생할 경우 서비스 회복 시스템을 활용해야 한다.

셋째, 만족한 고객에게는 고객 입장에서의 이해와 대응이 필요하다. 이는 고객만족 측정의 두 번째 함정과도 연결된다. 만족한 고객이라고 방심은 금물이다. 만족한 고객에게는 더 완벽한 만족을 주기 위해 고객 만족 이상의 고객가치를 제공해야 한다.

고객만족(및 불만족)을 측정하는 방법

고객만족 측정이란, 주관적이면서도 심리적인 고객만족의 측면을 잘 반영하는 변수를 찾아 계량하는 데 그 의의가 있다. 이를 위해서는 고객의 기대 수준, 자사 제품이나 서비스에 대한 고객의 평가 수준, 고객이 느끼는 만족 수준을 조사해 측정하는 것이 무엇보다 중요하다. 고객만족 및 불만족의 측정 방법은 매우 다양하다.

우선 가장 많이 사용하는 방법이 고객 설문조사다. 그러나 설문조사는 고객 충성도에 대한 고객들의 표현, 곧 상품을 재구매하고 서비스를 재이용하고자 하는 의도 등을 반드시 신중하게 해석해야 한다. 실제로 고객들은 재구매 의사 여부를 과장해서 말하는 경향이 있기 때문이다. 설문조사 방식은 고객에게 직접, 또 만족 정도에 대해 보통 5점~7점 척도를 많이 사용한다. 이처럼 설문조사 등을 통해 고객만족도 지수를 평가하는 방식을 차용한 조직으로는, 한국생산성본부의 NCSI(National Customer Satisfaction Index)와 한국능률협회의 KCSI(Korean Customer Satisfaction Index)가 대표적이다.

둘째, 마케팅 리서치를 통해 신규 고객들에게 소비 습관을 바꾼 동기를 물어볼 수 있다. 소비 습관을 바꾸는 과정에서 다른 고객들의 영향을 받았는지, 다른 어떤 요인이 작용했는지 등을 묻는 것이다. 특히 다른 경쟁사 제품을 선택한 고객들에게는 적극적으로 접촉해서 변경 사유와 경쟁사에 대해 가신 고객의 생각을 일어야 한다.

셋째, 고객 불평 및 제안 시스템을 이용하는 방법이 있다. 이 방법은 고객의 제품/서비스 이용 불평, 제안의 용이성, 고객 응대 처리의 신속성 및 이의 활용 정도를 측정해 고객만족도를 평가하는 방식이다. 일반적으로 고객이 기업에 불평이나 제안 사항이 있을 때, 이에 접근하는 것이 얼마나 용이하고, 기업 내부에 이를 전담하는 조직이 체계화되어 있는지에 따라 평가 점수도 달라진다. 가령 홈페이지에 고객의 불평이나 제안 메뉴가 잘 구성되어 있고, 이에 대한 피드백이 잘 이루어지는지, 고객 상담실과 같은 조직이 구성되어 즉각적으로 고객의 불평이나 애로사항을 처리해 주고 있는지가 관건이다. 080 무료전화 서비스, 24시간 고객 상담실, 해피콜 등의 사례가 여기에 해당된다.

넷째, 영업 일선의 피드백이다. 일선에 배치된 종업원들은 고객들로부터 피드백을 얻어내고 대응할 수 있는 가장 좋은 위치에 있는 사람들이다. 그러나 현실적으로는 일선의 피드백을 원하는 많은 조직들 중 극히 일부만 성공을 거두고 있다. 왜냐하면 종업원들 자체도 피드백을 쉽고 무난하게 제공하지 못하는데다, 기업들도 이처럼 정보원이 되는 종업원들에게 적절한 보상을 하지 않고 있기 때문이다. 또한 경영상 의사결정을 내릴 때 실질적으로 도움이 되는 적합한 형태로 피드백을 정보화하는 장치가 없는 것도 그 요인 중에 하나다. 메리어트 호텔의 자회사 패어필드 인(Fairfield Inn)에서는 투숙했던 고객들이 이 회사에 대해 받은 전반적인 느낌을, 점수 카드라고 불리는 터치스크린 컴퓨터 시스템을 통해 평가하고 있다. 고객들이 느낀 객실 청결 상태, 종업원들의 성실성 등의 만족도를 기록하는 것이다. 이 조사 결과는 부서 단위별 성과를 측정하고 종업원들에게 보상을 제공하는 데 활용된다.

다섯째, 암행고객(mystery shopper)을 이용하는 방법이 있다. 고객으로 가장해 자사의 매장을 방문하게 해서, 판매원들의 서비스와 고객 응대를 테스트하는 형식이다. 이들은 신분을 감추고 매장을 방문한 다음, 매장 직원들이 눈치 채지 못하도록 물건을 구입하러 온 손님인 척 행동하면서 온갖 까다로운 질문을 던진다. 결국 이러한 암행은 고객에게 응대하는 직원들의 서비스 마인드와 고객만족을 위한 행동 등을 평가하는 척도가 된다. 최근에는 기업마다 이러한 암행고객을 고용해 고객만족을 위한 모니터로 활용하는 사례가 점점 증가하고 있다. 10여 년 전부터 아웃소싱을 통해 암행고객 제도를 도입하고 있는 현대백화점은 매월 모니터링 결과를 통해 포상과 교육 등 상벌을 실시하고 있으며, 그 성과로 KS-SQI, KCSI 등 외부기관이 실시하는 고객만족도 평가에서 수년간 1위 자리를 지켜냈다.

마지막으로 고객만족 측정 방법 중에, 이탈 고객을 조사하는 방법이 있다. 고객 이탈 비율 및 그 이유를 찾아내 고객 불만족을 해소하는 방법인데 주로 고객의 구매 정보 데이터를 활용하며, 이른바 데이터베이스 마케팅과 CRM 기법이 자주 활용된다.

사실 한 번 고객을 평생 고객으로 만들 수 있다면, 기업으로서는 더 바랄 것이 없을 것이다. 그리고 고객만족이야말로 그 밑거름이 된다는 점을 안다면 이탈 고객 조사 등 왜 필요한지 더 이상 강조할 필요도 없을 것이다. 고객이 이탈한 이유를 파악함으로써 기존 고객들이 이탈하지 않도록 노력하는 것, 바로 이것이 이 조사의 핵심이다.

이미 엎질러진 물? 닦거나, 새로 담거나
서비스 회복

인사부 직원 지호의 연애 전선에 위기 상황이 발생했다. 그녀의 생일을 깜박 잊어버린 것이다. 이미 지호의 그녀는 단단히 토라져버렸고, 지호가 전화를 걸어도 찬바람만 쌩쌩 분다. 지호는 두어 번 전화를 해보고는 생각한다. "뭐 시간이 지나면 풀리겠지……." 결국 이 일로 지호는 그녀와 헤어진다. 그리고 다른 여자를 사귀어보지만 번번이 생일이나 기념일을 잊어버리는 지호……. 이젠 친구들도 더 이상 지호에게는 소개팅을 시켜주지 않는다. 그 후로 지호는 쭉 솔로로 지내고 있다.

마케팅부 직원 정혁의 위기 상황도 인사부의 지호 못지않다. 그녀와의 100일을 깜박한 것이다. 이미 하루가 지난 시간, 정혁의 그녀 역시 차가운 목소리로 전화를 받는다. 소 잃고 외양간 고치는 격이지만 안 고치는 것보다는 백번 낫다고 생각한 정혁은 좋은 아이디어를 생각해 냈다.

다음 날 정혁은 우리 사랑 시 101일, 싱딜노 꾹이에' 디꾜 닉힌 게네ㅗ의 김미ㅊ 101송이를 들고 그녀 집 앞에서 몇 시간을 기다렸다. 그리고 한참 후 마침내 그녀의 집 대문이 활짝 열린다.

정혁의 그녀 : "좋아 이번 한번만 봐줄게."

1년이 지난 지금, 정혁은 그때 그녀와 결혼을 한다고 한다.

살다보면 누구나 한번쯤 생각지도 못한 실수를 저지른다. 그리고 예상치 못한 실수도 어떻게 대응하느냐에 따라, 오히려 그것이 새로운 단계로 전환하는 기회가 되기도 하고, 실패의 전주곡이 되기도 한다.

기업에서도 이러한 원리는 그대로 적용된다. 어떤 기업이든 처음부터 제대로 하는 것이 중요하다. 그러나 아무리 고객의 가치를 위해 노력하는 기업들도, 점차 높아지는 고객의 기대 수준과 정보매체의 발달로 인해 발생하는 고객의 불만으로부터 자유로울 수 없다. 이 같은 상황에서 기업이 고객을 위한 올바른 가치를 제공하기 위해서는, 기존의 고객만족 관리 못지않게 고객 불만족에 대한 적극적인 서비스 회복(Service Recovery) 역시 절실해졌다.

서비스 회복의 중요성

고객의 전체적인 만족도는 처음부터 서비스가 만족스럽게 제공되는 경우보다, 처음에는 불만족스러웠다가 서비스 회복을 위해 제공되는 다양한 서비스, 예를 들어 도미노피자의 지각 배송시 할인, 항공기 예약에 문제 발생시 좌석 업그레이드 등 같은 사후처리 과정에 만족할 때 더 높아진다. 이것을 전문용어로 '서비스 회복의 역설(Service Recovery Paradox)'이라고 부르는데, 사후처리 과정을 잘 수행한다면 서비스 실패에 대한 불만을 효과적으로 극복할 수 있는 것은 물론, 고객 로열티까지 높이는 기회로 삼을 수도 있다는 면에서 중요하다.

그런데 문제는 서비스 회복의 기회가 주어졌음에도 많은 기업들이 이 기회를 놓쳐버린다는 것이다. 실제로 아직도 많은 기업들이 처음 제공되는 서비스의 고객만족에만 초점을 맞춘 나머지 고객의 불만에 적극적으로 귀를 기울이고 해결하려는 노력은 게을리 하고 있다. 하지만 이처럼 서비스 회복에 능동적으로 달려드는 충분한 노력 없이 고객만족만을 추구하다 보면 기업은 여러 가지 위험에 노출된다.

다음의 사례는 우리에게 서비스 회복에 대한 기업의 올바른 대응이 얼마나 중요한지를 깨닫게 해준다.

1984년, 존슨앤존슨(Johnson & Johnson)의 해열진통제 타이레놀에 소매 단계에 있는 누군가가 독극물을 투여했는데, 그것을 복용한 소비자 8명이 사망하는 사건이 발생했다. 당시 존슨앤존슨은 시민들의 건강을 위해 이 사실을 즉각 언론에 공개했고, 시중에 유통 중인 타이레놀 전량을 회수 조치함과 동시에 독극물 투입을 원천적으로 봉쇄하는 포징 방식을 개발 해 고객의 신뢰를 회복할 수 있었다. 그리고 사건 발생 1년 후, 존슨앤존 슨의 적극적이고 적절한 대응은 사건 이전의 시장점유율 회복이라는 놀 라운 결과를 낳았다. 뿐만 아니라 존슨앤존슨은 결국 〈포천(Fortune)〉이 선정한 '가장 칭송받는 기업' 가운데 하나로 꼽히게 된다.

반면, 롯데월드는 2006년 놀이기구 이용자가 사망하는 사고가 발생하자 언론에 사건 공개를 기피하고 놀이시설 무료개방을 통해 서비스 회복을 시도했다. 그러나 사건 자체에 대한 진지한 사과나 해결 노력 없이 미봉 책으로 급조된 무료개방은 또 다른 안전사고를 불러왔다. 결국 롯데월드 는 돈으로 문제를 해결하려 든다는 사회적 비난에 직면하게 되었고, 결국 기업 이미지에 커다란 손실을 입었다.

존슨앤존슨	VS	롯데월드
언론 공개	초기 대응	언론기피
구체적 해결책 마련	후속 대응	일회성 행사
적극적 대응	기본 자세	책임 회피, 전가
신뢰 회복	결과	불신, 사회적 비난

뿐만이 아니다. 서비스 회복은 기업에 차별화된 경쟁 우위를 제공한 다. UPS와 페덱스의 사례를 살펴보자.

UPS는 많은 자원을 투입해 운송 프로세스를 혁신하여 이 산업에서 가장 뛰어난 역량을 자랑하는 기업이 되고자 노력했다. 운송 프로세스 혁신과 더불어 고객 서비스 측면까지 꾸준히 강조함으로써, 합리적인 가격에 물건이 정시에 도착될 수 있도록 온힘을 기울였던 것이다. 그러나 그 혁신에는 커다란 허점이 있었다. 만일 고객과의 약속을 지키지 못했을 경우 어떻게 대응할 것인가에 대한 구체적인 방안은 없었다.

반면 페덱스는 정시에 물건이 도착하지 못할 가능성을 감안해, 고객이 화물 추적 시스템을 통해 30분마다 화물의 운송 상황을 점검할 수 있도록 했다. 결과적으로 UPS 운송은 페덱스의 운송보다 정시 도착률은 높았지만 고객의 불만에 효과적으로 대응할 수 없었고, 결국 페덱스는 효과적인 서비스 회복 프로세스를 통해 경쟁에서 유리한 고지를 선점할 수 있었다.

여기서 한 가지 주목할 점은 UPS도 페덱스와 같이 화물 운송 상황에 대한 정보를 고객에게 알려줄 수 있는 시스템과 조직을 갖추고 있었다는 사실이다. 다만 UPS는 그에 대한 불만이 터져나올 때 능동적으로 대응하지 못한 반면에 페덱스는 그 부분에 과감하게 투자를 진행한 것은 물론, 능동적인 서비스 회복 노력을 통해 물품의 정시 도착 외에도 고객들에게 새로운 가치를 제공했다.

능동적인 서비스 회복을 위한 방안들

많은 기업들이 서비스 회복의 중요성을 깨닫고 고객 불만 처리 부서를 신설하는 등 다양한 노력을 기울이고 있지만, 실제 적용에서는 과거와 그다지 달라진 것이 없다.

예를 들어 어떤 기업은 고객의 불만이 접수된 부서에 나쁜 평가 점수를 줄 뿐만 아니라, 그 나쁜 실적에 대한 벌로 그 부서에 대한 인적·물적 지원을 감소하는 극단적 조치를 감행한다. 그러나 이는 결코 효과적인 해결 방법이 아니다. 이로 인해 그 부서는 자원 부족으로 고객 서비스가 더욱 악화되고, 이것이 다시 고객의 불평이나 불만으로 이어지는 '고객 불평의 악순환'이 발생하는 것이다. 이는 마치 오래 된 버릇처럼 서비스 회복에 수동적으로 대응하는 근래 기업들의 대표적인 모습이다. 그렇다면 서비스 회복을 위해 기업들은 어떤 노력을 기울여야 할까? 지금부터 이와 관련된 여러 방안들을 살펴보도록 하자.

고객의 소리를 넘어서 '고객의 마음'에 귀 기울이기

고객이 불평하지 않는다면, 기업은 고객이 만족하고 있다는 착각에 빠진다. 그러나 앞에서도 설명한 바 있듯이, 기업마다 다소의 차이는 있지만 소수의 고객들만 불만을 표현한다. 대다수의 고객은 마음속으로만 불만을 간직한 채 말없이 그 기업을 떠나버리거나, 다른 고객에게 해당 기업에 대한 부정적인 말을 하고 마무리 지어버리는 것이다. 서비스 회복의 시작은 많은 잠재고객들로 하여금 회사에 직접 불만을 말하게 하는 것, 그리고 불만이 제기되기 전에 미리 그것을 알아내려는 노력에서 시작된다. 특히 표출되지 않은 불만에 기업이 한발 앞서 능동적으로 대응한다면 고객들은 더 큰 감동을 느낄 것이 분명하다.

예를 들어 패밀리레스토랑을 찾는 대다수의 고객은 긴 대기 시간에 불만을 가지고도 군말없이 기다리게 마련인데, 이때 간단한 음료나 샐러드를 제공하면 고객의 만족도를 유지하거나 오히려 만족감이 증가될 수 있다. 기업의 관점에서 보면 사건 발생 후 고객 불만 해소를 위해 투입될 자원을 사전에 투입함으로써, 좀더 적은 자원으로 고객의 로열티를 유지하는 효과를 얻는 셈이다.

첫 만남은 빠르게, 그리고 부드럽게

일반적으로 서비스에 불만을 품은 고객의 90%는 불만을 구체적으로 표현하지 않는다. 그러나 불만을 참지 못한 고객의 경우엔 이미 인내의 한계를 넘어선 상태이므로 기업의 빠르고 신속한 대응이 절대적으로 필요하다. 뿐만 아니라 불만을 제기하는 고객의 감정 상태를 살펴보면, 기업의 제품이나 서비스에 대한 짜증이나, 희생을 당했다고 생각하는 경우가 대부분이다. 이 같은 상황에서 기업이 규범이나 약관을 기준으로 지나치게 논리적으로 접근한다면 오히려 소비자의 감정을 악화시킬 수 있다. 사실 차근차근 설명하고 기준을 적용하는 것은 고객의 마음을 달랜 이후의 일이다. 서비스 실패 후 처음으로 고객을 접하는 순간만큼은, 무엇보다도 고객 입장에서 이해하고 공감하는 감성적인 마인드가 필요하다는 뜻이다.

공정하게 때로는 차별되게

불만을 제기한 고객을 대응할 때는, 그 고객에 대한 적절한 균형 감각을 가져야 한다. 다시 말해, 고객의 불만에 공정한 대응이 이루어지지 않는다면 그것이 또 다른 불만을 야기할 수 있다. 특히 처리가 공정한 기준에 따르지 않고 불만을 제기한 쪽에 따라 휘둘렸거나, 처리 결과에 차이가 있을 경우, 이번에는 불만을 제기하지 않았던 고객 쪽이 상실감을 느끼게 된다. 뿐만 아니라 불만의 처리 수위에 따라 고객 간의 비교가 발생하면서 오히려 불만을 증폭시키는 결과가 나타날 수도 있다. 그렇다고 모든 불만 고객에게 똑같은 방법으로 대응하라는 말은 아니다.

실제로 기업이 접하는 불만고객 중에는 뚜렷한 이유 없이 혹은 고의적으로 불만을 제기하는 이들이 상당수를 차지한다. 이런 고객에게 계속적인 자원을 투자하는 것은, 진짜 정당한 이유로 불만을 제기한 많은 다른 고객들에게 돌아갈 자원을 낭비하는 것과 마찬가지다. 따라서 정확한 고객의 분류를 통해 차별화된 처리 역시 고객 대응시 필요한 주의사항 중 하나라고 하겠다.

고객불만족은 나의 힘

빌 게이츠는 이렇게 말했다. "여러분의 제품에 가장 불만족스러워하는 고객이야말로 당신이 뭔가를 배울 수 있는 최고의 고객입니다."

이 말처럼 외부로 표현된 고객의 불만은 오히려 새로운 상품이나 서비스 개발에 좋은 자료로 활용될 수 있다. 고객이 제기한 불만은 대개 기업이 해결해야 하는 문제점에 대한 지적이며, 새로이 가치를 창출할 수 있는 또 다른 기회가 되기도 한다. 이런 관점에서 볼 때, 실제로 세계적인 기업 3M의 혁신 상품 3분의 2 이상이 고객의 불평을 제품에 반영한 결과라는 사실은 시사하는 바가 아주 크다.

서비스 회복의 성과

앞서 살펴본 바와 같이 고객을 위한 가치 창출과 서비스 회복은 불가분의 관계에 있다. 그럼에도 많은 기업들이 서비스 회복과 관련된 투자에 주저한다. 불만 서비스에 노력을 들였을 때 과연 그것이 기업에 실질적인 도움이 될지 의심을 품고 있기 때문이다.

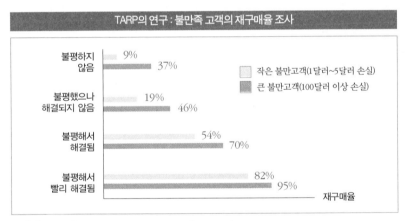

• 출처 : TARP (Technical Association Research Program)

그러나 단언컨대 서비스 회복이 고객에게 제공한 가치는 반드시 기업에 되돌아온다. TARP 조사의 연구에서도 알 수 있듯이 서비스 회복의 성과는 실질적인 재구매율 증가로 직결된다. 더 나아가 많은 기업들의 사례에서도 볼 수 있듯이, 고객의 재구매율 증가는 기업과 고객의 장기적인 관계 형성에 도움이 된다. 뿐만 아니라 고객 불만을 해소하기 위한 처리 비용의 몇 배에 해당하는 수익을 기업에 안겨준다.

"친구와 가까이 지내되, 적과는 더욱 가까이 지내라"는 말이 있다. 이 말은 서비스 회복에도 그대로 적용된다. "우호고객, 충성고객과 가까이 지내고 불만고객, 까다로운 고객과는 더욱 가까이 지내라."

고객의 불만을 보고 듣고 느끼며 이를 적극적으로 해결하고자 노력하는 기업에게, 고객의 불만은 또 다른 기회로 다가온다.

서비스와 만족은 반비례 관계?
서비스 패러독스 Service paradox

우성 : "도대체 요즘 왜 그래?"

지현 : "너 변했어……."

한 커플이 다투고 있다. 근래 들어 우성은 지현에게 예전보다 더 값비싼 선물을 해주고 더 멋진 레스토랑에서 데이트를 한다, 그리고 스스로 과거 어느 때 보다 지현에게 잘 하고 있다고 생각한다.

그러나 지현의 생각은 다르다. 그녀가 좋아했던 우성의 모습, 즉 그의 따뜻한 배려와 부드러운 미소를 더 이상 찾아볼 수 없기 때문이다.

흔히 현대 사회를 '서비스 사회'라고 칭한다. 근래 들어 서비스는 소비자에게 부차적인 것이 아닌 핵심적인 요소로 인식되고 있다. 기업도 이 같은 상황 변화에 대응하고자 고객만족경영을 내세우며 서비스 개선을 위해 많은 노력을 기울이고 있다. 그러나 기업들의 이 같은 노력에도 불구하고, 소비자들의 서비스에 대한 만족감은 과거와 비슷하거나 오히려 감소한 것으로 나타나고 있다. 이런 아이러니한 현상을 '서비스 패러독스(service paradox)'라고 부른다.

도대체 어디서부터 잘못된 것일까?

우선 아래의 사례를 읽어보도록 하자.

우연히 신문에서 국내의 한 호텔에 대한 기사를 보게 되었다. 내용에 따르면 현재 그 호텔은, 고객의 특성과 기호를 토대로 마케팅 활동을 계획하고 신규 고객을 확보, 우수고객을 유지하는 한편, 잠재고객을 활성화시켜 평생 고객으로 만드는 적극적인 '고객관계관리(Customer Relationship Management : CRM)' 마케팅을 실시해 수익을 창출하고 고객과의 장기적인 관계를 구축하고 있다고 했다. 내심 '이제 우리나라에도 서서히 고객관계관리 마케팅이 기반을 구축하고 있구나' 하는 흐뭇한 생각이 들었다.

그리고 얼마 전, 바로 이 호텔로부터 전화 한 통을 받았다. 자기 호텔에 골드회원으로 가입할 것을 권유하는 전화였다. 그런데 나는 이미 그 호텔의 골드회원일뿐 아니라, 이전에도 같은 전화를 몇 번이나 받은 터였다. 그때마다 "나는 이미 골드회원이니 다음부터는 이 사실을 체크해 주시기 바랍니다"라고 정중히 이야기했다. 그런데 이번에도 여전히 골드회원 가입에 대한 전화가 걸려온 것이다. 듣자하니, 주변 동료들도 이 같은 일을 몇 번씩 경험했다고 한다. 이 이야기를 전해 듣고 '도대체 이 호텔에서 한다는 '고객관계관리'란 과연 어떤 것일까?'라는 의문이 생김과 동시에 처음 신문을 보았을 때 느낀 흐뭇한 마음도 어느 새 실망으로 뒤바뀌었다.

실제 많은 기업들이 고객만족을 구현하겠다는 목표 아래 고객 서비스와 관련한 시스템과 조직에 많은 돈과 노력을 쏟으면서도, 실제 활용에서는 실수를 범하곤 한다.

서비스 패러독스, 그 이유는?

서비스 패러독스의 원인에는 다음과 같은 몇 가지 유형이 있다.

첫째, 서비스의 외형만 중요시하는 유형
실제로 고객관계관리 시스템이 처음 국내에 소개되자, 많은 기업들이 마치 유행처럼 이와 관련된 시스템들을 도입하고, 그 사실을 광고하기에 바빴다. 그러나 적합성과 활용성에 대한 충분한 분석 없이 막대한 비용을

들여 시스템 도입에만 신경을 쓴 나머지, 경영 혼란만 가중되고 기업의
재무적 성과까지 악화되었다. 그리고 이 모든 부정적 결과를 단지 고객관
계관리 시스템 탓으로 돌리는 기업들이 생겨났다.

둘째, 서비스의 효율성만 중요시하는 유형

경영에서 효율성은 중요한 원칙임에 틀림없다. 그러나 기업이 고객만
족보다 효율성을 우선시할 때 문제가 발생한다. 서비스 부문에서조차 고
객의 입장보다는 규모의 경제와 단기적 재무 지향성을 강조한 나머지,
효율성 제고 및 비용 절감을 외치며 서비스의 노동집약적인 부분을 기계
로 대체해, 자동차 공장식의 계획, 조직, 훈련, 통제 및 관리를 적용하는
것이다. 이런 현상을 통칭 '서비스 공업화'라고 하는데, 이 같은 서비스
공업화는 서비스의 기본인 인간적 서비스를 결여시킴과 동시에 서비스
종업원을 마치 기계의 부속품처럼 취급하는 인간성 무시 현상을 유발해,
궁극적으로 전체적인 서비스 품질의 저하로 이어진다.

셋째, 고객지향적 마인드가 부재하는 유형

한국의 많은 기업들이 현재 고객제일주의, 고객최우선주의 등 현란한
수식어를 사용해 가면서, 자신의 회사야말로 고객을 주인으로 모시는 고
객지향회사의 대표격인 것처럼 이야기한다. 하지만 실제로 고객이 받는
느낌은 이와 다른 경우가 많다.

한 예로, 내가 잘 아는 김씨가 일본 출장을 갔을 때 일이다. 거리를 걷

는데 눈에 익은 간판이 있어 살펴보니 롯데리아였다. 김씨는 뿌듯한 생각에 종업원에게 롯데리아가 한국의 신회장 소유라는 것을 아느냐고 자랑 삼아 말을 걸었다. 그러자 종업원은 고개를 갸우뚱하며 대꾸했다. 이제껏 자신은 자연스럽게, 이 가게의 주인은 여기 앉아 있는 저 10대 손님들이라고 생각했다는 것이다.

이 이야기는 한국 기업의 근본적인 문제점을 잘 지적해 준다. 한국 기업의 종업원들에게 주인이 누구냐고 물으면, 대부분 그 기업의 회장 이름을 댄다. 고객을 기업의 주인으로 생각하는 마음이 결여되어 있는 셈이다. 아무리 좋은 시스템과 훌륭한 종업원을 갖췄다 해도, 고객이 서비스의 주인이 될 수 없다면, 고객들은 그 기업에 대해 진정한 감동을 느낄 수 없다.

진정한 S·E·R·V·I·C·E를 실천하라

서비스 패러독스를 탈피하고 고객이 체감하는 서비스를 개선하기 위해서 기업은 어떻게 해야 할까? 패러다임의 변화가 필요하다. 많은 기업들이 서비스의 중요성은 인지하고 있으면서도 정작 그 실천에 있어서 제조업 중심의 경영전략이나 경영혁신 방법론을 서비스에 적용하는 우를 범하고 있다. 제조가 물건을 잘 만드는 것이라면 서비스는 고객의 만족을 제조하는 기술이다. 그러므로 기업은 서비스의 자동화 혹은 기계화를 통한 효율성 향상에만 몰두할 것이 아니라, 다음에 제시된 서비스의 7가지 기본 요소를 바탕으로 고객을 만족시킬 수 있는 진정한 서비스 제공에 힘써야 할 것이다.

S(sincerity, Speed & smile) : 서비스에는 성의, 스피드, 스마일이 있어야 한다.
E(energy) : 서비스에는 활기 넘치는 힘이 있어야 한다.
R(revolutionary) : 서비스는 신선하고 혁신적이어야 한다.
V(valuable) : 서비스는 가치 있는 것이어야 한다.
I(impressive) : 서비스는 감명 깊은 것이어야 한다.
C(communication) : 서비스는 커뮤니케이션이 있어야 한다.
E(entertainment) : 서비스는 고객을 환대하는 것이어야 한다.

여기서 우리는 또다시 근본적인 질문에 봉착하게 된다. 그렇다면 과연 위에서 언급된 'S·E·R·V·I·C·E'를 어떻게 실천할 것인가? 그동안 고객만족이라는 기치 아래 기업마다 다양한 실천 방안이 제시되었다. 그럼에도 고객들의 만족에 대한 갈증이 더 커가는 이유는 진정한 서비스의 가장 핵심은 바로 '사람'이라는 사실을 기업들이 간과해 왔기 때문이다. 이와 관련하여 필자는 에버랜드 취임시 서비스에서 '사람'이 지니는 의미를 다음과 같이 강조한 바 있다.

"과거 서비스의 개념은 신분, 소득, 직업의 차이에 따라 일방적으로 한쪽에서만 상대방을 기쁘게 하고 만족시키는 것이었다면 오늘날의 서비스는 상대방과 나 자신을 동시에 기쁘게 하는 쌍방향 커뮤니케이션 수단으로 변하고 있다. 서비스업은 사람의, 사람에 의한, 사람을 위한 비즈니스다.

상대방이나 고객에게 관심과 배려를 제공하면, 제공받은 쪽에서는 칭찬과 격려를 아끼지 않는다. 서로가 서로에게 기쁨과 보람, 성취와 행복을 느끼게 하는 선순환 원리로서의 서비스 산업이야말로 국민 모두가 평화롭고 화목한 일류국가를 만드는 평화산업이다."

_허태학

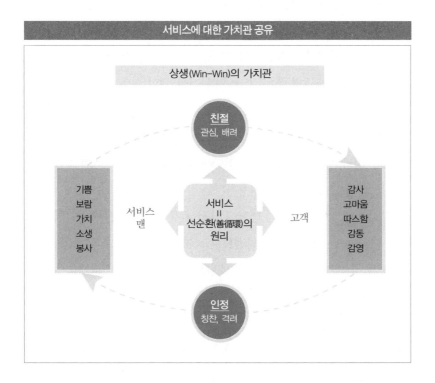

비록 10여년이 지난 시점이지만, 위에서 드러난 '사람' 중심의 서비스 정신은 오늘날 서비스 접점의 종업원과 고객, 그리고 기업의 리더 모

두에게 중요한 의미를 던져준다고 생각한다.

먼저 종업원의 경우, 아직도 많은 기업들은 "고객은 왕이다" 또는 "고객은 신이다"라는 말로 고객에 대한 격상을 통해 종업원들의 고객만족에 대한 노력의 당위성을 부여하려 노력하곤 한다. 그러나 이는 오히려 고객에 대한 존중 이전에 종업원 자신에 대한 비하로 이어지기 쉬우며, 이는 종업원의 사기저하와 굴종적인 태도의 서비스로 이어져 고객에게 오히려 불편함과 부담을 주게 된다. 고객은 하인이나 종으로부터 서비스 받기를 원하는 것이 아니다. 고객은 고객이 요구하는 서비스의 본질을 이해하고 고객의 문제를 해결해 줄 수 있는 전문가를 원한다. 그러므로 종업원은 고객과 눈높이를 맞추고 고객의 마음을 읽을 수 있는 훈련과 교육이 갖추어진 서비스 전문가여야 한다. 고객의 경우에 있어서도 진정한 서비스라는 것은 일방적인 것이 아니라 고객이 종업원과 공감하며, 서비스를 통한 가치 창출에 함께 동참할 때 가능하다는 사실을 깨달아야 한다.

그리고 종업원과 고객의 변화에 앞서서 기업의 리더는 종업원의 중요성을 바르게 인식해야 한다. 로젠블루스 여행사의 CEO 할 로젠블루스는 "고객은 두 번째"라는 말을 자주 사용한다. 물론 이 말이 고객을 무시한다는 말은 아니다. 이는 오히려 종업원은 고객 마음에 이르는 경로이며, 고객이 경험하는 그 무엇이라는 점에서 종업원의 중요성을 역설적으로 강조한 것이다. 또한 종업원과 고객의 서비스 선순환이 원활하게 돌아갈 수 있도록 서비스 프로세스를 개선해야 할 것이다.

이처럼 종업원과 고객, 그리고 기업의 리더가 서비스에 대한 가치를 공유하고 상호 균형을 이룰 때 서비스는 그 진정한 가치를 가진다. 그러므로 우리 모두가 '누군가의 종업원', '누군가의 고객', 혹은 '누군가의 리더'로서 각자의 위치에서 서비스에 대한 의무를 인식하고 실천할 때 비로소 서비스 패러독스에서 벗어날 수 있다.

.

손에 손 잡고 고객의 벽을 넘는 방법
제휴 마케팅

"Partnering is critical in the success of business as well as in your private life." - 파트너를 결정하는 것은 인생에서뿐 아니라 비즈니스에서도 매우 중요한 문제다.

그녀와 연애를 시작한 지 1년째 되는 김대리. 지난 1년 동안, 그럭저럭 알고 있던 데이트 코스들이나 이벤트로 애인과 꿀맛 같은 데이트를 즐겨왔다. 그러나 최근 김대리는 심각한 고민에 빠졌다. 점점 더 높아지는 애인의 기대를 만족시켜 주기에 김대리의 연애 기술은 이미 바닥을 드러낸 상태였기 때문이다. 지금까지처럼 그녀를 기쁘게 해주고 싶지만, 자신의 능력만으로는 부족하다고 느끼는 김대리…….앞으로 과연 어떻게 해야 할까?

제휴 마케팅 시대

내가 가진 능력과 자원은 한계가 있는데, 종종 애인이나 주변 사람들은 내가 가진 것 이상을 기대하고 요구한다. 역시 기업에도 자원은 한계가 있는데, 고객이 원하는 가치에는 한계가 없다. 이처럼 유한한 자원으로 무한한 가치 제공을 추구하다 보면, 처음 한두 번은 성공할지 몰라도 결국엔 실패할 것이 자명하다. 애인이 원하는 모든 것을 영원히 이루어줄 수는 없는 것처럼……

그렇다면 기업과 나는 어떻게 해야 할까? 고객이 그리고 애인이 원하는 가치 제공을 포기하고 적절한 선에서 타협해야 할까?

이 질문의 적절한 답은 "그렇다"이다. 기업이 고객이 원하는 모든 가치를 빠짐없이 제공한다는 것은 불가능에 가깝기 때문에 "타협해야 한다"는 것이다. 그러나 타협이라고 모두 같지는 않다. 중요한 것은 바로 적절한 선이다. 가능한 더 많은 가치를 제공하도록 타협의 기준을 최대한 높이는 것. 그것이야말로 고객의 마음을 사로잡고 고객을 위한 가치를 제공하기 위한 첫 단추다.

그렇다면 어떻게 타협의 기준을 최대한 높일 수 있을까? 지속적인 연구 개발(R&D) 투자를 통해 고객이 원하는 가치를 제공할 수 있는 기술과 능력을 개발하는 것이다. 또한 고객을 만나는 매순간 최선을 다하는 진실의 순간(MOT) 경영도 타협의 기준을 높일 수 있다. 이러한 노력들 외에도 고객을 위해 제공하는 가치의 수준을 더 높일 수 있는 방법이 있다. 바로 나만의 노력으로는 부족한 부분을 '함께'라는 이름으로 채워가는 것,

바로 '제휴'다.

전 GE회장 잭 웰치는 "혼자 모든 것을 다 할 수 있다고 생각하는 것은 글로벌 시대에 패배로 가는 지름길이다"라고 말한 바 있다. 혼자서 모든 것을 다하기 위해 불필요한 노력을 지속하는 대신, 협력을 통해 시너지를 창출해야만 글로벌 경쟁시대에 성공할 수 있다는 뜻이다.

제휴 마케팅이란 두 개 이상의 조직이 모여 각자의 경영 목표를 달성하고자 마케팅 자원을 공유하는 조직 간 협동 행위를 말한다. 그리고 빠른 기술 발전과 시장의 글로벌화 속에서 이 제휴 마케팅이 새로운 별로 떠오르고 있다. 지금껏 기술 발전은 산업 간 경계를 무너뜨려 산업 간 경쟁을 유발했고, 시장의 글로벌화는 경쟁사의 범위를 무한정 확대하는 데 일조했다. 따라서 지금 시대, 어느 한 기업이 모든 면에서 뛰어난 역량을 발휘하기 위해서는 상상을 초월하는 자금력과 시간을 필요로 한다.

컨설팅 회사인 부즈-앨런 해밀턴(Booz-Allen & Hamilton Inc.)은 전략적 제휴가 규모나 영향력 면에서 점차 중요해지고 있음을 주장한다. 실제로 미국 1,000대 기업의 총수익을 보면, 제휴를 통한 수익이 1980년 2%에서 1996년 19%로 늘었고, 2004년에는 약 35% 정도에 이르렀으며, 국내에서도 각종 산업에서 다양한 제휴 활동이 활발하게 벌어지고 있는 등 전략적 제휴의 중요성이 점차 강조되고 있다.

마케팅 영역도 예외는 아니다. 현재 여러 형태의 제휴 마케팅이 기업 간에 이루어지고 있는데, 제휴 계약 기간과 제휴를 통해 창출되는 잠재적인 부가가치의 특성 등을 기준으로 브랜드 제휴, 조인트 프로모션(joint promotion), 마케팅 업무 제휴 등의 제휴 마케팅 유형들이 새롭게 등장했다.

제휴 마케팅의 유형

제휴 마케팅의 가장 일반적인 형태는 조인트 프로모션이다. 일반적으로 공동 광고, 공동 판촉, 판매 및 판촉 대행, 마일리지 프로그램 공유 등을 생각하면 된다. 특히 제휴 마케팅은 온라인 시장에서 크게 유행하고 있는데, 1996년 인터넷 서점 아마존(Amazon)이 자사 사이트에서 판매를 원하는 인터넷 쇼핑몰 사이트의 배너와 링크를 사이트 내에 게재해 공동 촉진을 유도한 것을 계기로 일반화되기 시작했다. 온라인상에서의 제휴는 대부분 콘텐츠나 포털사이트, 그리고 인터넷 쇼핑몰 간의 제휴 계약을 통해 이루어진다. 이들 사이트를 방문한 고객이 링크를 통해 제휴 사이트로 이동하여 매출을 발생시켰을 경우 그 수익을 공동으로 분배하는 형식이다.

그런가 하면 오프라인에서도 공동 판촉이 활발하게 이루어지고 있는데, 대표적으로 맥도날드와 디즈니를 들 수 있다. 맥도날드 매장에서 판매하는 맥도날드 키드 세트 상품을 보자. 아이들이 이 상품을 주문하면 디즈니의 만화 캐릭터와 테마를 이용한 물통 등을 제공한다. 즉 세트 상품과 디즈니 영화 홍보 상품을 함께 팔아 서로의 부가가치를 높이는 제휴 마케팅이 진행되고 있는 것이다.

국내에서는 마일리지 프로그램 공유로 제휴를 활발하게 펼치고 있는

OK캐쉬백을 대표적인 제휴 마케팅 도입 회사로 들 수 있다. SK의 OK 캐쉬백은 온-오프라인의 제휴 가맹점을 통해 고객들이 마일리지를 적립하고 사용하게 하는 방식으로 많은 회원을 확보하고 수익을 창출하고 있으며, 현대카드 등 다른 기업들도 OK캐쉬백의 사례를 벤치마킹한 마일리지 프로그램을 도입하고 있다.

제휴 마케팅의 두 번째 유형인 브랜드 제휴는 제휴 마케팅에 참여하는 모든 기업의 브랜드를 그대로 유지하면서 시너지를 추구하는 형태로, 둘 이상의 브랜드가 시장에 결합해 나오는 경우를 말한다. 보통 브랜드 제휴는 단기간에 이루어지며, 제휴로 인해 발생하는 부가가치가 단순한 조인트 프로모션을 능가하리라 예상될 경우에만 한계적으로 실시한다.

실제로 인텔(Intel)의 경우, 타 PC제조 기업과의 브랜드 제휴를 통해 PC마다 인텔인사이드(Intel Inside) 로고를 붙여 큰 성공을 거두었고, LG와 IBM은 브랜드 제휴로 우리 국내 시장에 신제품을 출시하여 인기를 끌었다. 또한 최근에는 급속한 속도로 성장하고 있는 PDP 시장에 대항해 LCD 시장을 지키기 위해 삼성과 소니 두 경쟁기업이 손을 잡고 LCD 개발에 착수하는 기술 및 브랜드 제휴를 이루어내 많은 이들의 이목을 집중시키기도 했다.

일반적으로 브랜드 제휴에 참여하는 기업들은 흔히 독립적인 기업으로서, 제휴 종료 시점을 염두에 두지 않고 오직 신제품과 서비스를 런칭한다는 목적으로 참여하고 있다. 예를 들면 현재 IBM-Intel, Diet Coke-NutraSweet, BP-Mobil 등이 있는데, 이 제품들은 파트너 제품의 브랜드 퍼스낼리티와도 차별되는 새로운 이미지를 획득함과 동시에 시너지 효과까지 얻어내 제휴 마케팅의 덕을 톡톡히 보고 있다.

제휴 마케팅의 세 번째 유형으로는 마케팅 업무 제휴를 들 수 있는데, 이 마케팅 업무 제휴는 기업 간 협력은 장기적으로 가져가되 그 잠재적 부가가치는 그다지 크지 않다고 판단되는 경우 실시된다. 가장 전형적인 마케팅 업무 제휴는 항공업계에서 찾아볼 수 있다.

잘 알겠지만 현재 수많은 항공사들이 국제노선에서 항로 · 운항 및 고객 마케팅 분야에서 협력을 진행하고 있다. 이들은 근본적으로 보완관계가 아니기 때문에 혁신적인 가치를 창출하기는 어렵지만, 최근 글로벌 시장을 선점하겠다는 목표 아래에 글로벌 마케팅 업무 제휴를 활발히 추진하고 있다.

예를 들어 대한항공은 델타 항공, 에어프랑스, 에어로멕시코 등과 함께 스카이팀(Sky Team)을 결성했고, 아시아나는 스타얼라이언스(Star Alliance)라는 이름 아래 유나이티드 항공, 싱가포르 항공, 루프트 한자 등과 제휴 협약을 맺고, 예약 · 발권 · 마일리지 · 렌트 카 · 호텔 등 광범위한 분야에서 고객 원스톱 서비스 업무를 공동으로 실시해 고객을 위한 가치를 높이고 있다.

또 항공사의 마케팅 업무 제휴 외에도, 국내의 경우 디자인하우스를 비롯한 대표적인 잡지 기업들이 '공동잡지마케팅협회'를 발족시킨 바 있다. 이는 잡지 시장의 성장을 가속화하고 타 미디어에 대한 경쟁력을 키우기 위해 선진국의 미디어 마케팅 기법을 도입한 것으로, 현재 이처럼 다양한 산업에서 마케팅 업무 제휴 형태의 제휴 마케팅이 활발하게 이뤄지고 있다.

제휴 마케팅의 성공

현대 시대의 비즈니스는 제휴 마케팅을 통해 "백짓감도 맞들면 낫다."는 속담을 입증하고 있다. 그 사례로는 어떤 것들이 있을까?

다름 아닌 에어마일스(Air Miles)야말로 제휴 마케팅 하나로 멋지게 이를 증명한 회사다. 에어마일스는 1988년 영국 런던에 위치한 한 광고회사에 근무하던 케이스 밀스(Keith Mills)가 자신의 아이디어를 실현하기 위해 만든 회사로, 자세한 설립 과정은 이렇다.

당시 케이스 밀스의 의뢰자 중에 하나였던 한 항공사가 큰 고민에 빠져 있었다. 런던 발 항공편 좌석 중 수백 석이 매일 공석으로 운행되는 상황에서, 가격 인하를 감내하지 않고도 승객 수를 늘릴 수 있는 프로모션 방안을 모색했던 것이다. 또한 당시 주유소들 역시 급속히 성숙 단계에 접어든 시장 환경 하에서 경쟁사와 차별화할 수 있는 방법을 찾아야만 했다.

그리고 이러한 고객 니즈를 포착한 밀스는, 고객이 에어마일스 스폰서 업체로부터 제품 서비스를 구매하면 포인트를 적립해 주고, 일정액의 포인트가 적립되면 이 포인트를 영국항공의 항공권으로 교환해 주는 비즈니스 모델을 개발했다. 한 산업에서 오직 하나의 스폰서와만 계약을 체결해, 그 유일 스폰서들에게 산업 내 독점적 지위를 보장해 준 것이다. 또 스폰서로서도, 충성고객에게 보상도 해주고 그 분야에서 오직 자신들만이 포인트를 지급할 수 있었기 때문에, 에어마일스에 가입하지 않은 다른 경쟁자와 차별화가 가능하다는 장점이 있었다.

결국 고객들을 매일 구매하는 제품과 서비스를 에어마일스의 스폰서

업체로부터 구매함으로써 무료 항공권을 받을 수 있었고, 에어마일스 참여 항공사였던 영국항공도 빈 좌석을 에어마일스에 판매해 추가 수익을 올릴 수 있었으며, 또 에어마일스 역시 스폰서에게 포인트를 판매함으로써 수익을 얻는, 총체적인 3중의 윈윈 구조가 확립되었다.

더 나아가 에어마일스는 또 하나의 혁신을 일궈냈다. 기존 마일리지 제도는 단일 기업이 제각기 주도했기 때문에 고객에게 돌아가는 보상이 미미했고, 개별 기업들이 제공하는 마일리지 프로그램의 혜택을 누리기 위해서는 지갑에 수십 장의 마일리지 카드를 가지고 다녀야 했다.

그러나 에어마일스는 단일 화폐를 만들어 개별 기업의 마일리지를 통합할 수 있도록 했고, 그 결과 불편하게 여러 장의 마일리지 카드 없이도 다수의 스폰서로부터 마일리지를 적립할 수 있게 되면서, 고객들도 단시간 내에 원하는 항공권을 보상으로 받게 되었다.

그러나 위와 같은 제휴 프로그램 성공담에서 우리가 간과하지 말아야 할 점이 하나 있다. 바로 '누구와 손을 잡을 것인가'다. 손을 잡는다고 모두 시너지를 일으키는 것은 아니다. 각자 할 때보다 더 못한 결과를 내는 제휴들도 얼마든지 존재한다. 결혼을 예로 들자면 하느냐 마느냐보다 중요한 것은 '누구와 하는가'인 것처럼, 이 게임의 승패도 결국 '누구를 나의 제휴 파트너로 삼을 것인가'가 결정짓는다.

그렇다면, 그렇게 중요한 '내게 맞는 파트너'는 어떻게 골라야 할까?

안철수연구소의 안철수 사장은 그의 저서에서 "파트너를 고를 때 가장 기본이 되는 것은 우리 제품과 상대 제품의 적합성, 각 기업의 고객 적합성이지만, 중요한 판단 기준은 상대의 가치관에서 나온다. 여기에는 돈에 대한 가치관, 기업 활동을 하는 이유, 약속에 대한 책임감, 커뮤니케이션의 진실성 등이 포함된다. 내가 상대방보다 더 많이 얻고자 하는 마음에서 파트너십이 형성되면 그 관계는 언젠가 만성을 일으킨다"라고 제휴 파트너에 대한 생각을 피력했다.

제휴 파트너 선정 작업에는 반드시 다음 두 가지 측면을 고려해야 한다. 첫째는 '전략적 조화'다. 전략적 조화란 제휴에 대한 두 기업 간의 장기적인 목표와 비전이 얼마나 일치하느냐 하는 것이다. 두 번째로 고려해야 하는 것은 '문화적 조화'다. 이는 제휴 당사자 간의 기업문화가 얼마나 서로 매력적인가를 의미한다. 두 기업 간의 장기적인 목표와 비전이 일치한다면, 같은 산업에서 라이벌로 경쟁하고 있는 소니와 삼성의 제휴 같은 '적과의 동침'도 고객을 위한 가치 제공에 매우 적절한 해결책이 될 수 있다. 반면 기업 간의 제휴를 통한 금전적인 이익이 확실하다 해도 기업 간의 문화와 업무 방식, 그리고 고객을 바라보는 관점에 큰 차이가 난다면, 제휴를 통해 고객에게 가치를 제공하는 일도 단발로 끝나고 말 것이다.

결론적으로 제휴 프로그램에서 파트너 선택이란, 고객을 위한 최적의 가치 제공을 가능하게 하는 최적의 파트너 기업을 찾는 일이다. 그리고 바로 이것이 제휴 프로그램의 성공과 실패를 좌우하는 가장 중요한 첫 단추다. 이 첫 단추를 잘 끼우기 위해서는 제휴 파트너와의 전략적·문화적 조화에 대한 정확한 평가작업이 선행되어야 한다. 그리고 이를 통해 좋은 파트너와 손을 잡게 되면 기업 능력의 한계치가 넓어질 뿐 아니라, 기업이 고객에게 제공할 수 있는 가치들도 더 많아질 것이다.

Only for you
맞춤 마케팅 Customized Marketing

그저 얼굴 보는 것만으로, 남들처럼 그냥 데이트하는 것만으로도 너무나 행복했던 그녀……. 그러나 사귄 지 어언 1년이 되어가면서 어느 날부터 반복되는 평범한 데이트가 무료하게 느껴지기 시작했다. 하루하루 불만족스러운 기분이 쌓여가던 어느 날, 무심코 싸이월드 일촌 친구의 미니홈피를 방문한 그녀는 친구가 100일 날 남자친구로부터 받은, 직접 부른 노래를 담은 CD와 그 동안 같이 찍은 사진으로 만든 탁상용 캘린더를 자랑하듯 대문사진에 올려놓은 것을 보게 되는데……. 색다른 아이디어를 가진 센스 만점의 그 남자친구가 부러워졌고, 동시에 자신의 남자친구에게 불만을 느끼기 시작했다. 그날부터 그녀는 남자친구를 만나면 이유 없이 짜증을 부리기 시작하는데……. 영문도 모른 채 짜증을 받아주어야만 했던 남자친구…… 과연 그가 생각하지 못한 '그 뭔가'는 과연 무엇일까?

같은 시간에 태어난 쌍둥이도 자세히 관찰해 보면 성격과 외모에서 차이를 보인다. 그처럼 사람은 누구나 취향이나 체격 등 자신을 나타내는 많은 요소들에서 크고 작은 차이를 보이며, 여러 가지로 나뉠 수 있듯이 원하는 바에 대한 욕구 또한 다양하다. 즉 시장은 이처럼 각기 다른 수많은 소비자들로 구성되어 있으며, 소득·나이·직업 등의 개인적인 특성뿐 아니라 제품을 구매할 때 고려하는 속성과 구매행동에서도 각기 다른 모습들을 보인다. 따라서 이 같은 소비자 개개인의 차이를 무시하고 오직 하나의 마케팅 전략으로만 시장을 공략하는 것은 매우 위험하다. 그리고 이러한 문제 제기 속에서, 서로 다른 개개인들에게 개인화된 (Customized) 마케팅 믹스를 가지고 각기 다른 방식으로 접근하자는 개념이 바로 맞춤 마케팅(Customized marketing)이다.

맞춤 마케팅이란 개별 고객의 요구에 따라 차별화된 제품이나 서비스를 제공하는 마케팅 기법이다. 쉽게 말해 나만의 화장품, 나만의 책 등 '나만의 상품'을 뜻하는 것이라 볼 수 있다. 맞춤 마케팅은 개인화 마케팅, 1대1 마케팅이라고도 하며, 고객들로 하여금 '남과 다른 특별한 나'를 느끼게 함으로써 고객의 만족 면에서 좋은 점수를 받고 있다. 요즘처럼 원하는 바가 분명하고 개성 강한 소비자들에게는, 이처럼 유연성 있을 갖춘 소비자의 개별 주문에 맞게 차별화를 도모하는 맞춤 마케팅은 당연한 일이라고 볼 수 있다.

윤택성과 도달성

그러나 한편으로 Ford T로 대표되는 산업화 시대에서는 표준화시킨 고객을 대상으로 대량생산함으로써 이윤을 얻어왔다. 즉 이처럼 개개인에게 맞춤형 서비스를 제공할 경우 기업은 당연히 손실을 입게 되고 그것이 곧바로 가격 상승으로 이어질 것이라는 우려 또한 없지 않다. 그러나이 같은 우려는 BCG의 필립 에번스(Philip Evans) 수석 부사장과 토머스워스터(Thomas S. Wurster) 수석 부사장의 윤택성(Rich)과 도달성(Reach) 요인으로 설명한 다음의 개념을 통해 해소할 수 있다.

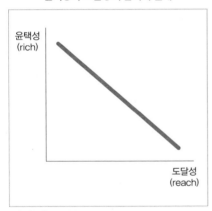

윤택성과 도달성의 반비례 관계

• 출처 : 《기업 해체와 인터넷 혁명》, p.39

이 두 요인의 반비례 관계는 공중파 방송과 케이블 지역 방송을 비교해 보면 쉽게 알 수 있다. KBS, MBC와 같은 공중파 방송의 경우 전 국민을 대상으로 한다는 점에서 도달성은 높으나 제공하는 정보가 지나치게 광범위하고 얕다는 점에서 윤택성은 떨어진다. 반면 의학 전문 채널이나 바둑, 골프, 게임 채널 등의 케이블 지역 방송은, 시청자는 다소 한정적이지만 정보의 깊이 측면은 풍부하고도 윤택하다.

그렇다면 이 같은 상충관계는 결코 해결할 수 없는 것일까?

그렇지 않다. 에번스와 워스터는 이 문제 해결의 단서로 "정보를 제공하는 물리적인 매개체로부터 정보를 분리시키면 반비례 관계는 무너진다"고 이야기한다. 그리고 현재 인터넷과 같은 정보 통신 기업이 밀려에 이를 현실적으로 가능케 하고 있다. 우리는 현재 인터넷상에서 클릭 몇 번 만으로 광범위하고 전문적인 정보를 구할 수 있다. 더불어 이러한 상황은, 고객이 대상으로서의 수동적인 고객에서 참여형의 적극적인 고객으로 변화하는 가운데 이루어졌다는 점을 주지해야 할 것이다.

맞춤 마케팅 전략 : 고객 정보를 데이터베이스화하여 고정 고객화에 주력하라

매스 마케팅이 상권별 차별화에 초점을 둔다면, 맞춤 마케팅은 개별 고객별 차별화에 초점을 둔다. 시장 성장이 정체되고 경쟁이 치열해질수록 개별 고객에 대한 관리도 중요해지기 때문이다.

이러한 점을 잘 활용한 사례로, 최근 유행하고 있는 맞춤 셔츠를 들 수 있다. 얼핏 맞춤 셔츠를 생각하면 왠지 고가를 지불해야 할 것처럼 느껴지지만, R모 업체에서는 현재 인터넷을 활용해 2만 원대부터 시작하는 저렴한 가격을 제시함과 동시에 대접받고 싶은 고객들에게 높은 수준의 서비스를 제공하고 있다. 인터넷에 사진과 함께 치수 재는 법을 안내하고 다양한 디자인을 고를 수 있도록 하는, 고객 한 사람만을 위한 개별 맞춤뿐만 아니라 소매에 영문 이름 이니셜이나 자신만의 메시지를 새겨 줌으로써 나날이 까다로워지는 고객의 입맛을 맞춰주고 있는 것이다.

　이처럼 제품 소비 경험 전체를 총괄하는 맞춤 마케팅은 제공하는 서비스의 양만큼 여러모로 이득 또한 있다. 단순한 거래 행위지만 소비자를 몰입(Commitment)하게 만들 뿐 아니라 초기 구매를 위해 입력된 고객의 정보가 차후 구매 때 활용되기 때문에, 고객 역시 다시 치수를 입력해야 하는 번거로움에서 해방되기 때문이다. 결국 고객은 한 사이트에 자신의 정보를 모두 입력했으므로 제품 및 서비스에 이미 투자된 비용과 기회비용, 또는 타 제품 및 서비스로 전환할 때 드는 비용(혹은 너무나 익숙해서)을 감안해 기존의 사이트에 높은 충성도를 가지게 된다. 그래서 타 사이트에 좀더 좋은 제품이나 서비스가 등장해도 원래 쓰던 제품 및 서비스를 계속 이용할 가능성이 높다.

　또 하나의 예가 있다. 마일리지가 누적되면 혜택을 받는 항공사 회원이나 렌터카 회사의 골드회원의 경우, 오랜 시간 한 회사와 거래하면서 시간을 절약하고 편리함을 제공받는 윈윈 관계를 형성하게 되고, 이를 통해 획기적으로 더 많은 혜택을 받게 되면서 굳이 거래 회사를 바꾸려 하지 않는다. 바로 이것이 맞춤 마케팅의 힘이다.

　아마존에서는 이 같은 사실을 염두에 두어, 고객이 어쩌다가 동일한 책을 구입했을 경우, 이전에 그 책을 구입했다는 사실을 알려준다. 이것은 단기적으로 보면 한 권의 책을 팔지 못하게 됨으로써 손실이지만, 사이트에 대한 신뢰도를 높이는 동시에 장기적으로 고객이 그 책을 산 사실이 있는지 기억할 필요가 없다는 면에서 편리를 제공해 주는 것이다. 이러한 맞춤 마케팅 개념은 아마존의 경영자 제프 베조스 회장의 한 마디에 잘 드러나 있다.

"만약 당신에게 450만 명의 고객이 있다면, 상점도 450만 개를 가지고 있어야 한다. 방문하는 한사람 한사람을 위해 잘 꾸며진 상점 말이다."

한편 대형 백화점들은 근래 난관에 빠졌다. 불황이 시작되면서 중산층 고객들이 줄고 지갑 얇은 소비자들 역시 할인점으로 몰려들기 때문이다. 결국 근래 들어 대형 백화점들은 전략적으로 VVIP(Very Very Important Person)를 대상으로 한 귀족 마케팅을 실시했는데, 이 역시 비용과 효율 측면을 고려한 맞춤 마케팅의 한 형태로 볼 수 있다.

일례로 신세계백화점은 직원이 특별 고객에게 각종 쇼핑 정보를 전해주고 직접 쇼핑에 동행하는 '컨시어지 데스크(Concierge Desk)'를 설치한데 이어, 1대1 개별 전담으로 고객 쇼핑을 돕는 전문 '퍼스널 샤퍼(personal shopper)' 제도를 도입했으며, 금융권의 씨티은행도 1억 원 이상을 예치한 고객마다 'CitiGold Executive(CE)'라는 전담 직원을 배정해 1대1 맞춤 자산 관리를 해주는 '시티골드 서비스'를 운영하고 있다.

위의 사례들은 맞춤 마케팅의 가능성을 분명하게 보여주고 있지만, 이 맞춤 마케팅도 성공을 위해서는 몇 가지 유의점을 지켜야 한다. 우선, 맞춤과 비맞춤의 영역을 분명히 하는 동시에 다음의 고려사항을 점검해봐야 한다.

라이터나 만년필에 이니셜을 새겨주던 서비스는 이미 구식이다. 최근

커스터마이제이션 고려사항

활동	체크 포인트
메시지 커스터마이제이션 (Massage Customization)	■ 고객의 지역, 관심사, 주제별 버전(version) 제작, 고객정보를 메시지의 개인화에 사용 ■ 메시지 발신의 간소화
최적의 타이밍과 방법 모색	■ 고객이 선호하는 접촉방식 발견(편리한 시간대, 팩스, 이메일, 우편발송, 개인방문 등)
고객 욕구 파악	■ 고객의 구매 이력 분석 ■ 고객을 포커스그룹 미팅이나 토론에 초대하여 제안과 반응 유도
차별화 요인 발견	■ 고객의 제안에 대답하기 ■ Follow-up과 과정의 반복
최고 경영층의 참여 유도	■ 개별 고객의 구매 이력 등 다양한 정보에 기초한 질문 리스트 제공

에는 케이크에 프린트된 당사자의 사진을 장식하여 배달해 주는 서비스는 물론, 심지어 '벽산 블루밍'의 셀프디자인(self-design) 아파트처럼, 가장 일관적이고 대량적·표준적인 집이라 불렸던 아파트에도 맞춤 서비스가 도입되고 있다.

이 같은 맞춤 마케팅에서 가장 중요한 핵심은, 고객에 대한 정보를 얼마나 데이터베이스화하고 있느냐다. 즉 고객에 대해 얼마나 잘 알고 있는가가 성패를 좌우한다고 볼 수 있다. 또한 고객의 취향을 잘 판단해 이를 상품화해 내는 것도 데이터베이스화 못지않게 중요하다. 고객의 요구를 현실화하지 못하면 고객들의 외면을 받게 될 것이고, 이는 곧 기업의 존립 여부와 직결된다. 고객을 참여시키고 고객과 대화하면서 가치를 창출할 때에야 비로소 장기적인 고객관계 형성으로 고객 맞춤의 방정식을 풀어나갈 수 있다는 점을 잊지 말자.

가치를 더욱 빛나게 해 주는 결정적 2%
감성

좋은 직장과 두둑한 은행 잔고를 가진 전도유망한 동건과 용준. 두 사람 다 괜찮은 신랑감인 것은 틀림없지만, 지우는 성실하고 모범적인 분위기만 물씬 풍기는 동건보다는, 자기가 좋아하는 스타일로 꾸며 입고 가끔 성대모사 등으로 지우를 즐겁게 해주는 용준에게 왠지 더 마음이 간다. 두 남자 사이에서 고민하던 지우는 결국 용준을 선택하는데……. 용준만큼이나 괜찮은 신랑감인 동건, 그는 왜 지우의 선택을 받지 못했을까? 또 동건에게는 없고 용준에게만 있는, 그래서 지우가 용준을 선택하도록 만든 결정적인 '그것'은 무엇이었을까?

감성 소비의 시대

가슴이 비었다면, 머리는 아무 소용없다.
_영화 〈제리 맥과이어〉 중에서

대부분의 사람들이 살면서 한두 번쯤 이런 경험을 해봤을 것이다. 이성적으로 판단해서 명백하게 좋다고 느껴지는 조건들만으로는 뭔가 부족하다는 느낌을 갖는 것 말이다. 실제로 우리는 머리로 생각하고 판단해 좋은 것 이상의 무엇, 특히 인간관계 등에서는 마음으로 느낄 수 있는 어떤 것을 바라고, 그것이 채워지지 않았을 때 무언가 부족하다는 느낌을 갖게 된다. 그것은 비단 인간관계뿐만 아니다. 어떤 물건을 구매할 때도 제품의 성능뿐 아니라 감각적인 광고와 디자인, 제품에 대한 즐거운 체험, TV·영화 등에서 본 제품의 이미지를 통해 그 제품에 호감을 느끼기도 하고, 많은 경우 이러한 것들이 구매를 결정하는 데 결정적인 역할을 한다. 정보를 탐색하고 대안을 평가하는 등 고객의 구매 의사결정 과정은 우리 생각에 매우 체계적이고 이성적인 것처럼 보이지만, 사실 그 과정 중에 때로는 이성보다 더 큰 영향력을 행사하는 것이 바로 마음, 즉 감성이다.

오늘날 많은 소비자들은 제품과 서비스에 대한 느낌이나 정서를 통해 소비 행동을 결정한다. 스타벅스 커피를 마시는 사람들은 그 커피 한잔 가격이 얼마인지, 카페인이 얼마나 들어 있는지보다는 스타벅스의 분위기에서 느낄 수 있는 특유의 젊음과 여유를 더 중요하게 생각하고 그것을 소비하기 위해 스타벅스 커피를 마신다. 오리온의 예만 봐도 그렇다.

오리온 초코파이

오리온의 대표 과자인 초코파이는 1990년대 초반 매출감소로 폐기 위기에 놓인 바 있었다. 그러자 오리온은 초코파이를 되살리기 위해 친구와 부모 간의 사랑을 주제로 한 '정' 캠페인을 펼쳤고 커다란 성공을 거두었다. '초코파이=정'이라는 등식이 성립될 정도로 초코파이는 단순한 과자가 아닌 정을 전달하는 매개물로 진화했고, 많은 사람들이 초코파이 맛을 뛰어 넘어 '정' 때문에 초코파이를 선택했다.

그런가 하면 이런 식의 구매 의사결정은 이성적이고 합리적인 구매 의사가 절대적으로 필요한 대표적인 제품인 아파트에서도 심심찮게 나타난다. 그 결과 요즘 들어 많은 건설 회사들이 아파트 브랜드를 통한 감성적인 접근을 시도하고 있으며, 심지어는 패션 디자이너가 디자인한 주상복합 아파트까지 분양하고 있다. 이는 패션의 감성을 주택에 접목시키려는 시도로서, 요즘 시대 감성 중심의 소비 트렌드가 패션, 문화, 식음료 같은 전통적으로 감성적 소비가 우세했던 제품군뿐 아니라 합리적인 소비가 이루어지던 아파트 구매에까지 영향을 미치고 있음을 증명하고 있다.

스타벅스 커피나 초코파이의 예에서 볼 수 있듯이, 실제로 오늘날에는 많은 고객들이 제품에 담긴 이야기나 감성을 자극해 마음을 움직이는 감성 중심의 제품·서비스·광고 등에 관심을 가지고 반응을 보인다. "가슴이 비었다면, 머리는 아무 소용없다"는 뜅와 내사세님 비니모녀ㄴ 끼슘을 두드리는 무언가를 찾는 것이 바로 오늘날 소비자들의 구매 트렌드다.

따라서 이 같은 고객들의 마음을 곁에 잡아두기 위해서는 그들이 원하는 가치를 적절하게 제공할 수 있어야 하며, 더 나아가 기업이 고객에게 그러한 가치를 제공해 줄 수 있는 당사자임을 끊임없이 보여주어야 한다. 이것이 바로 감성 마케팅의 주요 골자다.

"금융 상품하면 당연히 이성적인 제품으로 생각되겠지만 감성적인 부분이 대단히 중요합니다. 예를 들어 신용 카드도 이제는 회사마다 제공하는 서비스가 엇비슷해서 서비스 특성에서는 별반 차이가 없습니다. 이런 상황에서 자사 신용카드를 다른 카드보다 먼저 꺼내 사용하도록 만들기 위해서는 카드 디자인이나 색깔 등과 같이 작은 것에서부터 감성적인 접근이 필요합니다"

_하나금융그룹, 김승유 회장

감성 마케팅

감성 마케팅이란 고객의 기분과 감정에 영향을 미치는 감성적인 자극과 감성적인 가치를 제공함으로써 제품 및 서비스의 브랜드와 고객들의 유대관계를 강화시키고, 소비 경험을 즐겁게 이끌어 고객으로 하여금 자사의 제품과 서비스를 소비하도록 유도하는 마케팅을 말한다. 이는 단순히 물질적인 자극에서 한 걸음 더 나아가, 고객의 감성적 욕구에 부응하고 고객을 위한 감성 가치 제공을 실현하자는 취지를 가진다. 기업들의 감성 마케팅은 감각 마케팅, 문화 마케팅, 재미(fun) 마케팅의 세 가지 영역으로 분화되어 성장하고 있는데, 지금부터 각자의 마케팅이 가지는 의의와 효과를 자세히 살펴보도록 하자.

감각 마케팅은 시각·청각·후각·미각·촉각 등 인간의 오감을 자극해 마케팅 효과를 높이는 방법이다. 대표적인 예로 코카콜라의 빨간색이나 펩시콜라의 병뚜껑 따는 소리 등을 들 수 있다. 이는 제품과 브랜드의 디자인 요소에 초점을 맞춰 고객의 눈길을 사로잡으려는, 오늘날 가장 활발하게 이루어지고 있는 감각 마케팅의 대표적 사례다. 감성 마케팅이 발전하면서 감각 마케팅 영역에서도, 이처럼 고객들의 오감을 자극해 독특한 차별성을 꾀하는 다양한 방법들이 늘고 있는 추세다. 예컨대 백화점의 시식 코너에서 고객에게 직접 제품 맛을 보게 하거나, 화장품 브랜드들이 자사의 제품을 마음대로 써 볼 수 있는 체험 코너를 만들어 상품의 효과와 제품의 시각적·촉각적 요소를 직접 느끼게 하는 마케팅도 이에 속한다. 이외에도 시각적 자극을 이용한 컬러 마케팅이나 브랜드의 이미지와 잘 어울리는 음악을 오프라인 매장과 온라인 홈페이지에서 동일하게 틀어줌으로써 브랜드에 대한 감성적 이미지를 형성하도록 유도하는 음악 마케팅, 향기 마케팅 등도 대표적인 감각 마케팅이라고 하겠다.

많은 이들이 이랜드의 중저가 캐주얼 브랜드 후아유 매장을 보거나 방문한 적이 있을 것이다. 후아유의 경우는 적극적인 심식 마케팅을 활용하고 있는 브랜드 중 하나로, 아베크롬비나 아메리칸 이글, 홀리스터 등 미국에서 일명 캘리포니아 스타일 캐주얼로 불리며 인기를 끌고 있는 브랜드들과 비슷한 콘셉트로 시작했다. 그러나 후아유는 단순히 콘셉트 모방에 그치지 않고, 그 매장을 다만 옷만 파는 곳이 아닌 브랜드 체험을 동시에 파는 공간 마련 가치를 중심으로 꾸렸다. 이국적인 스타일의 건물 입구에 오렌지 빛 간판을 걸고, 쇼윈도에는 구릿빛 피부의 마네킹들에게 서핑보드를 들려 캘리포니아 캐주얼 룩을 입혔으며, 이름의 'O' 자에 캘리포니아를 대표하는 오렌지를 도안하고, 매장 오픈 때마다 캘리포니아 산 오렌지를 방문 고객들에게 나누어주는 행사를 펼쳤다. 또한 매장에 들어서면 항상 상큼한 오렌지 향을 맡을 수 있도록 했고, 캘리포니아 풍의 인테리어와 자유로운 디스플레이가 돋보이는 매장 안에 언제나 흥겨운 서핑 뮤직을 틀어놓았다. 즉 시각·후각·청각 모두를 자극하는 적극적인 감각 마케팅을 실천한 것이다.

두 번째로 문화 마케팅은 드라마·영화·공연·게임 등의 문화 콘텐츠를 자사의 제품이나 서비스와 자연스럽게 연결시켜 브랜드에 대한 우호적인 이미지를 형성하고 고객에게 제공되는 감성의 가치를 극대화하는 마케팅 방법이다. 문화 마케팅은 넓은 의미에서 기업문화를 대중이나 소비자들에게 알리기 위한 다양한 활동의 한 방편으로서, 유한킴벌리의 '우리강산 푸르게 푸르게' 캠페인이나 기업 주최의 문화 행사 등을 포함한다.

이는 좁은 의미로는 영화·공연·애니메이션·게임 등의 문화 산업을 활용해 자사의 브랜드를 홍보하는 것이라고도 볼 수 있는데, 최근 문화 산업의 활성화와 함께 이러한 의미의 문화 마케팅 활동이 급격하게 증가하고 있는 추세다. 게다가 일본의 대표적인 가전 업체 중 하나인 소니는 아예 업종을 엔터테인먼트로 전환하려는 환골탈태의 움직임까지 보이고 있다. 단순한 마케팅 수단으로 문화를 이용하던 기존의 방식에서 벗어나 네트워크 시대에 중심이 될 자사의 TV·컴퓨터·PS2·모바일 등을 통해 게임·영화·음악 등의 엔터테인먼트 콘텐츠를 제공함으로써, 문화 콘텐츠가 자사 제품을 구매하도록 만드는 가교이자 수익을 낼 수 있는 핵심 상품으로 판매하려는 적극적인 활동을 벌이고 있다.

마지막으로 감성 마케팅의 세 번째 유형인 재미 마케팅은 고객에게 독특한 경험·재미·감동을 제공함으로써 자사 브랜드에 대해 즐겁고 경쾌한 느낌을 갖도록 만들어 브랜드를 차별화하는 마케팅 활동을 일컫는다. 자사의 인터넷 홈페이지 질문답변 란에 올라온 고객의 질문에 기발한 답변을 달아서 입소문을 유발하고 결국 팬클럽 카페까지 생긴 세스코의 사례가 바로 이러한 재미 마케팅의 대표적인 사례다. 이처럼 고객들의 입소문을 통해 브랜드에 대한 독특한 경험이나 이야기를 만들어가는 마케팅이 있는가 하면, 기업에서 직접 브랜드에 대한 이야기를 만들고 이를 전파시키는 스토리텔링 마케팅도 재미 마케팅의 한 방법으로 활용된다. 예를 들어 고디바 초콜릿의 마담 고디바에 대한 이야기나 말보로 브랜드의 탄생에 얽힌 사랑 이야기 등은 브랜드에 관련된 재미있는 이야기를 고객들에게 전함으로써 제품과 브랜드에 대한 흥미와 관심을 유발하고 있다.

감성+α(플러스알파), 알파까지 잡아라.

소득 수준이 높아지고 여가 시간이 늘면서 사람들은 물질적인 상품에서 가치나 의미를 찾으려 점점 노력하게 되었다. 이에 따라 제품과 서비스에 대한 구매 결정에 이성적 판단 이상으로 감성적인 이유가 중요한 항목으로 자리잡고 있다. 즉 감성 중심의 선택은 잠깐의 트렌드가 아닌 고객들의 지속적인 소비 행동으로 이어질 가능성이 크다는 뜻이다. 이러한 흐름을 파악한 많은 기업들이 감성 가치 제공을 주장하며 더욱 적극적인 감성 마케팅 활동을 전개하고 있다. 즉 21세기의 기업들은 이성적으로 판단할 수 있는 제품과 서비스 가치 제공에 안주하는 대신, 적극적으로 인간의 기본적인 감성 욕구를 자극하는 시장을 파악하고 이런 시장에서 상품과 더불어 상품에 담긴 감성을 팔아야만 한다. 그러나 감성을 파는 것만으로는 한두 번 고객의 시선을 사로잡을 수는 있어도 장기적인 관계를 유지하기는 어렵다. 디자인이나 색깔, 맛이나 향기처럼 눈으로 보고 손으로 만지며 느끼는 감각들은 쉽게 모방이 가능하며, 재미있는 이야기나 놀이거리, 흥미로운 문화 컨텐츠 역시 쉽게 개발할 수 있는 마케팅 요소들이기 때문이다. 따라서 장기적인 고객관계를 위해서는 이성이 아닌 감성으로 느끼되 단순한 감각이나 재미 이상의 것을 제공해야 하는데,

여기서 중요한 알파가 바로 '감동' 이다.

우리는 잘못된 제품이나 서비스를 제공했을 때 진심으로 사과하는 종업원의 태도나, 흔해빠진 안부 문자메시지 대신 도착한 정성스러운 크리스마스 카드를 보며 가슴이 찡해진다. 이런 느낌은 감동이라는 이름으로 고객에게 더 큰 가치를 제공할 뿐 아니라 기업과 고객 간의 끈끈한 관계 형성에도 밑거름이 되어준다. 그러나 고객에게 감동을 주는 일은 생각보다 쉽지 않다. 우리의 고객들은 이미 기업들의 고객만족 노력에 너무 익숙해진 나머지, 기업이 제공하는 웬만한 가치들에 대해 너무 당연하게 생각한다. 따라서 고객에게 감동을 주기 위해서는 고객만족이라는 이름으로 포장된 의례적인 행동들을 과감히 던져버릴 필요가 있다. 껍데기만 있고 알맹이가 없는 100가지 고객만족 제도보다 고객을 향한 진심이 담겨 있는 한 가지 행동이 고객을 만족시키고 감동시킬 가능성이 높기 때문이다.

고객을 향한 진심이 담긴 진짜 고객만족 제도가 무엇인지 파악하기 위해서는, 기업 스스로 현재 자신들이 실시하고 있는 고객만족 제도를 다시 한번 고객의 관점에서 살펴볼 필요가 있다. 그 동안 고객만족이라는 이름 아래에서 실천해 온 여러 가지 활동들을 리스트로 작성한 뒤, 고객의 소리 검토와 고객 설문, FGI(Focus Group Interveiw) 등 기업의 활동에 대하여 고객의 생각을 확인할 수 있는 방법들을 동원하는 것이다. 즉 실질적으로 고객만족이나 감동을 이끌어내지 못하는 형식뿐인 제도들을 찾아내 과감히 제거하고, 고객들이 진정으로 원하며 기업도 진심을 담아

낼 수 있는 활동에 더 많은 투자와 지원을 아끼지 말아야 한다. 사실 고객을 만족시키는 것만으로는 부족해 감동까지 안겨줘야만 진정한 감성 마케팅을 완성할 수 있다는 논지는, 기업들에게는 너무 가혹할지 모른다. 그러나 기업 스스로 고객가치를 창조하고자 하는 진심을 가지고 있다면, 고객감동을 통해 플러스알파까지 챙기는 감성 마케팅이 그다지 힘든 일만은 아닐 것이다.

최고의 가치를 제공하라
고객가치 방정식

〈남자 1〉

'지난번 생일 때 여자친구는 나한테 10만 원짜리 넥타이를 사줬지……. 그래 나도 이번에 10만 원 정도에 해당되는 선물을 주면 되겠지……. 뭐가 좋을까? 그래, 10만 원 짜리 화장품 세트로 사야겠구나. 이 정도면 그녀도 좋아할 거야.'

〈남자 2〉

'지난번 생일 때 여자친구가 나한테 10만 원짜리 넥타이를 사줬는데……. 최소한 비슷한 선에서 준비해야겠지. 백화점에 가보니 10만 원, 12만 원 화장품 세트가 있던데, 12만 원 하는 세트로 사야겠다. 그녀를 위해 카드도 한 장 사야지.'

당신이 여자친구라면 어떤 남자를 선택하겠는가? 주저 없이 남자 2를 택할 것이다. 비록 내가 10만 원에 해당되는 선물을 해줬더라도, 내게 그 이상의 선물을 해주고자 하는 마음 자체가 그 선물보다 기쁘기 때문이다. 그리고 여자친구는 바로 이런 마음을 통해 자신이 남자친구에게서 가치 있는 존재라고 느낀다. 혹시 당신의 회사는 남자 1에 해당되는 마인드를 갖고 있지는 않은가?

기업의 생존 부등식 : 생산성 → 가치 창조

과거 많은 기업들은 원가 절감을 통해 생존의 길을 찾았으며, 이를 바람직한 경영이라고 여겼다. 즉 기업의 생산성을 높임으로써 기업 스스로 창출하는 가치에만 중점을 두었던 것이다. 그러나 최근에는 여기에 추가해 고객이 지불하는 가격 이상의 가치를 제공해야만 생존의 길을 찾을 수 있게 되었다. 바로 기업의 생존 부등식이다. 이는 기업 스스로의 가치를 창출함과 동시에 고객이 체감하는 가치까지 중요시하는 가치 창조형 기업만이 앞으로 지속적으로 생존할 수 있다는 의미다.

> 기업의 생존 부등식 : 원가(C) < 가격(P) < 가치(V)

생존 부등식의 원리는 단순하다. 제품이나 서비스의 가치(value)가 가격(price)보다 커야 하고, 가격은 비용(cost)보다 커야 한다. 이 생존 부등식을 적용하면 고객이 상품에서 얻는 가치가 고객이 지불한 가격보다 커야 하고, 더 나아가 고객이 지불한 가격은 그 제품의 생산비보다 커야 한다는 공식이 성립된다.

앞의 예시처럼 10만 원에 해당하는 선물을 받았다고 해서 같은 10만 원짜리 선물을 하려는 남자 1과 같은 사람은 일반적으로 상대방의 마음을 얻기 힘들다. 이와 마찬가지로 10만 원 상당의 상품이나 서비스를 판매했으니 당연히 10만 원을 받아야 한다고 당당하게 생각하는 기업은 끝까지 생존하기 어렵다. 10만 원짜리 상품이나 서비스를 판매했다고 해서, 딱 10만 원만큼의 가치를 고객에게 제공하는 것은 위험하다. 그 이상의 열정과 애정을 가지고 품질을 높이면, 고객은 심지어 지불 금액보다 10배, 100배의 가치를 느끼게 되며 결국 이것이 더 큰 이익을 가져오기 때문이다. 실제로 고객은 큰 가치를 얻었다고 느낄 때 자연스레 기업과 장기적인 관계를 구축해 앞으로 오랜 기간 동안 기업에 수익을 가져다 준다. 즉 기업이 고객에게 제공하는 가치를 극대화시키면, 고객의 가치 역시 극대화되면서 기업의 성과도 높아진다.

이처럼 서비스를 고객 관점에서 바라보는 고객가치 방정식은 기업의 장기적 수익을 결정짓는 가장 중요한 요인으로 작용한다. 그렇다면 고객의 가치는 어떻게 창출할 수 있을까? 기업의 생존 부등식만큼이나 고객가치 방정식의 원리 역시 단순하다. 다음에서 자세히 살펴보자.

고객가치의 결정요인

"가치의 시대가 도래했다. 최고의 상품을 세계 최저의 가격으로 팔지 못하면 당신은 게임에서 도태될 것이다. 고객을 잃지 않는 최선의 방법은 고객에게 더 많은 것을 더 낮은 가격에 제공하는 방법을 끊임없이 강구하는 것이다."
_잭 웰치

GE의 잭 웰치 전 회장은 고객에게 더 좋은 상품을 더 낮은 가격에 제공할 때 비로소 가치가 창출된다고 언급했다. 이는 아래의 고객가치 방정식과도 일맥상통한다.

고객가치 방정식 :

$$가치 = \frac{품질}{비용} = \frac{결과품질 + 과정품질}{서비스(or\ 제품)\ 가격 + 서비스(or\ 제품)\ 획득비용}$$

고객가치 방정식이란, 고객이 일정한 재화나 서비스를 상대로 그것을 구매하고 사용하겠다는 의사결정을 내리기 전에 실시하는 일종의 가치 평가를 말한다. 일반적으로 기업들은 고객들에게 제공한 결과물을 토대로 고객들에 대한 가치 제공을 평가하기 쉽다. 그러나 고객가치는 고객 자신이 지불한 비용에 비해 그 물품의 질, 구입 과정 등 그 모든 것이 기대보다 높을 때에야 비로소 형성된다.

그리고 여기에서 기업이 간과하기 쉬운 점이 하나 있다. 고객이 지불한 비용을 그저 물품 가격으로만 치부해 최종 결과물의 품질에만 치중한다는 것이다. 그러나 고객이 느끼는 가치는 제공되는 결과물 외에도, 프로세스의 품질을 높이거나 가격 또는 획득 비용을 감소함으로써 얼마든지 향상시킬 수 있다.

> '품질 = 결과 품질 + 과정 품질'

위의 방정식이 의미하는 것처럼, 고객가치 방정식에서의 품질은 결과 품질과 과정 품질로 구성된다.

세탁소를 예로 들겠다. 세탁소의 결과물은 깨끗이 세탁한 옷이지만, 세탁물을 맡기거나 찾는 전반의 단계인 과정 역시 무시할 수 없다. 옷을 깨끗하게 세탁했다 하더라도, 세탁물을 찾으러 갈 때마다 번번이 문이 잠겨 있다든지, 약속 날짜를 지키지 않을 경우, 고객의 만족도는 급격히 떨어진다.

즉 고객이 궁극적으로 구매하려는 것은 '깨끗한 세탁'이라는 결과물이지만, 결과물의 전달 방식인 프로세스 품질 역시 결과물만큼이나 중요하다. 따라서 고객의 가치를 높이기 위해서는 결과물뿐 아니라 프로세스 품질 향상에도 노력을 기울여야 한다. 그렇다고 프로세스에만 치중한 나머지 고객가치에서 가장 중요한 '결과물의 품질'에 소홀해질 수 있는 모순 역시 피해야 한다.

비(非) 일본 기업 최초로 데밍 상을 수상하면서 화제가 되었던 플로리다 전력 회사(Florida Power&Light)는 프로세스 품질 개선에 지나치게 치중했다가 제품 자체의 결과 품질이 급격히 떨어지는 우를 범하고 말았다. 한여름 전력 공급량을 충분히 확보하지 못하면서 벌어진 성선 사고도 전력 공급이 중단되는 사태가 발생함으로써 전력 회사로서는 돌이키기 힘든 실수를 하고 말았던 것이다.

> '비용 = 서비스(제품) 가격 + 서비스(제품) 획득 비용'

고객가치 방정식의 분모에 해당하는 '비용'은 서비스(또는 제품) 자체의 가격과 서비스(또는 제품)의 획득 비용으로 구성된다. 가격과 서비스 획득 비용 간의 관계는 서비스 제공자들에게 중요한 시사점을 가진다. 많은 기업들이, 최저가격으로 최고 품질을 제공하는 것이야말로 그 물품의 가치를 높이는 일이라고 생각한다. 하지만 이것은 엄연한 착각이다.

가령 차량에 기름을 넣어야 하는데, 기름 값이 싸다고 집에서 10km나 떨어진 주유소를 찾아가지는 않는 것과 같다. 아무리 저렴하고 맛이 훌륭하다고 소문난 음식점이 있더라도 음식 값보다 비싼 주차비를 지불해야 한다면 그 식당을 여러 번 찾지는 않게 된다.

이처럼 가격을 낮추는 것도 중요하지만, 그에 못지않게 고객들이 서비스나 제품을 획득하는 비용을 줄이는 것 역시 중요하다.

최고의 가치 제공에 성공한 사례

고객에게 전달되는 가치가 크면 고객이 지불하는 비용도 높아진다. 즉 기업으로서는 가격과 서비스 공급 비용 간의 잠재적 차익이 커져 수익성을 높일 수 있다.

고객가치 방정식을 볼 때 고객가치를 높이기 위해서는 ①결과 품질과 과정 품질을 향상시키고, ②가격과 획득 비용을 낮추는 것, 이 두 가지가 가장 바람직하고 효과적이다. 그러나 고객가치 방정식의 분자와 분모를 한꺼번에 바꾸는 것은 현실적으로 어려울 수밖에 없다.

그렇다면 지금부터 미국의 손해보험회사인 USAA와 영국항공 등, 고객가치 방정식의 일부 요소들을 변화시키거나 재설계함으로써 고객 충성도를 높이고, 획기적인 수익 개선을 실현한 회사들의 사례를 살펴보도록 하자.

손해보험사로부터 고객이 원하는 결과는 정확한 사고 처리다. 이 부분에 대해서는 보험사별로 큰 차이가 없다. 그래서 군 장교들을 회원으로 두었던 상해보험회사 USAA(United Services Automobile Association)의 경우는 고객가치 방정식의 과정 품질을 높이고, 가격을 낮춤으로써 고객가치를 높이는 데 성공할 수 있었다.

일단 USAA는 직원 선발 및 훈련 과정에서 고객을 응대하는 태도를 중요시하도록 교육하고, 최신 IT 기술을 통한 프로세스의 개선으로 고객들이 전화 한 통만으로 서비스 해결을 가능할 수 있도록 시스템을 갖추었다. 종업원 입장에서는 고객과 즉각적인 상담을 할 수 있어 편했고, 더불어 고객에게 적합한 상품이나 서비스를 추천하는 일도 쉬워졌다. 그리고 USAA는 이처럼 과정 품질을 향상시키고, 동시에 고객들의 서비스 획득비용을 절감해 상당한 수익을 올릴 수 있었다.

뿐만이 아니었다. USAA의 서비스에 만족한 고객들의 입에서 입으로 소문이 전해지면서, USAA는 보험 모집인의 규모를 축소할 수 있었다. 즉 영업비용을 절감하여 타 보험사보다 더 낮은 가격을 제시할 수 있게 된 것이다. 실제로 현재 USAA의 신규 고객 중 80%가 기존 고객의 소개로 가입한 계약자라고 한다. 결과적으로 고객은 저렴한 비용을 지불하면서 고품질의 서비스를 받을 수 있게 되었고, USAA도 고객들의 지속적인 이용과 적극적인 구전 활동으로 수익을 높일 수 있었다.

| 고객가치를 높인 사례 2 | 영국항공(British Airways)

상대적으로 높은 비용 구조 때문에 가격 인하가 어려웠던 영국항공은 고객가치 방정식의 분자 부분에 해당하는 결과 품질과 과정 품질의 개선으로 고객가치를 실현했다.

가장 먼저 영국항공은 탑승 절차를 개선하고, 운항 정보를 제공했다. 기존 서비스를 고객 관점 서비스 프로세스로 개선한 것이다. 또한 서비스 담당 종업원(careline)이 고객 분석 및 유지 시스템(CARESS)을 사용해 승객들의 불만과 건의사항을 처리할 수 있도록 했다. 그 결과 영국항공은 장시간 여행자들에게 필요한 샤워 시설을 공항에 갖추어 큰 호응을 얻었고, 고객 불만 조사를 통해 서비스 실패 발생시 즉각적인 보상을 함으로써 비싼 항공료에 걸맞은 가치 높은 서비스를 제공할 수 있게 되었다.

Part. 2

고객의 가치

VALUE OF
CUSTOMERS

첫 번째 이야기 – 고객 탐색

- 쓸모없는(?) 마켓 리서치
- 다다익선(多多益善)이 오히려 독이 된다
- 다듬어지지 않은 원석을 찾아라

두 번째 이야기 – 관계 맺기

- 계란을 한바구니에 담지 말라
- 초대장 없는 파티

세 번째 이야기 – 관계 관리 및 강화

- 헤어짐이 최선일 때도 있다
- 오래 될수록 좋은 것들
- 고객의 가치를 한 단계 업그레이드 하는 방법
- 가치 방정식 2. 이 사람과 평생을 같이할 수 있을까?

쓸모없는(?) 마켓 리서치
고객의 잠재 니즈

동엽의 오랜 친구인 용만은, 솔로 생활에 외로워하는 동엽을 위해 소개팅을 시켜 주기로 한다.

용만 : "동엽아, 너는 어떤 스타일 여자가 좋냐?"

동엽 : "그냥 성격 좋고 착하면 되지 뭘……."

용만 : "정말? 그러면 성격 좋고 착한 거 말고 다른 건?"

동엽 : "더 뭘 바라겠냐……. 어쨌든 고맙다, 자식."

소개팅 1주일 뒤, 다시 두 사람이 만났다. 그런데 용만을 대하는 동엽의 태도가 왠지 심상치 않다.

용만 : "야, 너 왜 그래, 나한테 뭐 화난 거 있나?"
동엽 : "정말 친구끼리 너무 한 거 아니야? 정말 성격 좋고 착하기만(?) 하잖아!"
용만 : "아니, 나는 네가 그런 사람 좋다길래……."

마켓 리서치, 관계의 시작

일반적으로 시장에 존재하는 불특정 고객 중에서 자사의 상품이나 서비스를 구입할 가능성이 있는 이들을 잠재고객이라고 일컫는다. 그리고 그들이 자사의 상품이나 서비스를 최초로 구매하게 되면, 비로소 고객이라고 부르게 된다. 그렇다면 이들 고객과의 관계는 과연 어디에서 처음 시작되는 걸까?

그 출발점은 바로 고객을 아는 것, 즉 마켓 리서치다. 즉 기업은 마켓 리서치를 통해 고객의 니즈와 요구를 파악하고 현재 고객과 우량고객의 특성을 분석한 뒤, 이를 바탕으로 적합한 마케팅 활동을 수행해 잠재고객을 고객으로 유치한다.

마켓 리서치 할까, 말까?

마케팅에서 고객의 니즈를 파악하는 일이 무엇보다 중요하다는 것은 누구나 안다. 뿐만 아니라 최근 고객만족과 고객지향 마케팅의 중요성이 커지면서 마켓 리서치의 중요성 역시 더해가고 있다. 그러나 마켓 리서치를 맹목적으로 신뢰하는 것은 위험하다. 한 가지 사례를 살펴보자.

주부들을 대상으로 한 월간지 〈마리안느〉가 발간 17호 만에 폐간되었다. 아이러니하게도 이 실패의 근본에는 '마켓 리서치에 대한 철저한 믿음'이 자리잡고 있었다. 〈마리안느〉의 소비자 조사에 따르면, 소비자들은 섹스와 루머 일색인 기존 잡지들을 식상해하고 있었으며, 95%가 유용한 정보만 제공하는 잡지가 있다면 구입하겠다고 응답했다. 결국 이 같은 결과에 고무된 〈마리안느〉는 '無섹스, 無스캔들, 無루머'의 기치 아래 주부들에게 유익한 정보만을 제공하는 잡지가 되겠다고 출간했다가 결국 냉담함 외면 속에 사라지는 신세가 되었다.

이 사례는 마켓 리서치의 불필요성을 역설하고 있는 것이 아니다. 다만 마켓 리서치를 실시하려면 앞서 마켓 리서치의 한계점을 염두에 두어야 한다는 점을 주지시키고 있다. 그렇다면 지금부터 마켓 리서치의 한계점을 살펴보자.

첫째, 마켓 리서치의 결과가 고객의 진실한 마음을 100% 반영하는 것은 아니다. 때로 고객들은 설문지를 작성할 때, 자신의 진정한 니즈와는 다른 방향의 응답을 하는 일이 많다. 예를 들어 마음속에 가진 생각보다는 도덕적 기준이나 사회 규범에 따른 답변을 내놓는 경우가 많다는 뜻이다. 실제 앞서 살펴본 〈마리안느〉 주부 설문자들도, 사실은 섹스나 스캔들, 그리고 루머 관련 기사에 관심이 있으면서도 막상 설문지에서는 그

본심을 드러내지 않았을 가능성이 높다.

둘째, 마켓 리서치를 통한 미래의 트렌드 파악은 단지 참고 자료일뿐이다. 기업들은 모두 미래에 대한 정확한 예측을 하고 싶어한다. 그러나 인간이란 모름지기 각자의 인지적 편견(cognitive bias)을 가진 존재이고, 따라서 마켓 리서치 결과 역시 주관적으로 해석하게 된다. 그 결과, 가끔은 진실과 전혀 상반된 예측을 내놓기도 하는데, 이것은 해당 분야의 전문가도 예외가 아니다.

"메모리 640KB 정도면 모든 이들에게 충분하고도 넘치는 용량이다."
_빌 게이츠 1981년
"사람은 절대 자기 몸무게보다 무거운 엔진을 달고 하늘을 날 수 없다."
_미국의 뉴컴 교수 1900년(라이트 형제의 비행 성공 3년 전)

셋째, 고객 스스로도 사실은 자신이 무엇을 원하는지 늘 정확하게 알지 못한다. 특히 과학 발전이 제품과 서비스 개발에 큰 영향을 미치기 시작하면서, 기업의 성장에서도 기존 기술을 지속적으로 업그레이드하는 '존속성 혁신(Sustaining Innovation)' 보다는 기존의 것과 전혀 다른 기능과 요소로서 새로운 고객을 충족시키는 '와해성 혁신(Disruptive Innovation)' 이 더욱 중요시되고 있다. 그리고 이 같은 상황에서 고객 역시 어떤 제품이 자신의 니즈를 충족시켜 줄 수 있을지 쉽게 답할 수 없게 되었다. 뿐만 아니라 현재의 불편함에 너무 익숙해져 표현할 수 있는 실제 니즈를 갖고 있음에도 더 나은 방법이 존재한다는 사실 자체를 망각하기도 한다.

'잠재 니즈'에 대한 이해

혹자는 새로운 유통 채널의 등장, 소비자의 급변하는 소비 행태, 그리고 앞에서 예로 든 여러 가지 마켓 리서치의 한계 등을 지목하며, "이제 기업들도 마켓 리서치보다는 소비자에게 새로운 소비 문화를 가르치는 등 여러 커뮤니케이션을 통해 대중이 특정 상품을 사도록 유도하여 시장을 점령해야 한다"고 주장한다.

"이제 (기업은) 소비자를 새로운 제품으로 리드해야 한다. 소비자는 무엇이 가능한지 모르지만, 우리는 알기 때문이다."

_소니의 모리타 아키오(Morita Akio) 회장

"기업은 때때로 고객을 무시할 수 있어야만, 지속적인 성장을 달성할 수 있다."

_하버드 대학 클레이튼 크리스텐슨(Clayton M. Christensen) 교수

그러나 이 같은 주장은 마켓 리서치의 근본적인 부분을 제대로 이해하지 못한 데서 기인한 것이다. 진정한 마켓 리서치란 겉으로 드러난 고객의 명시적 니즈뿐 아니라 고객의 잠재 니즈, 즉 '일반적으로 소비자가 잠재적으로 가지고는 있지만 표현하지 않은 니즈, 달리 말해 충족될 경우 고객들이 기뻐하거나 놀랄 만한 것'에 대한 파악까지 포함하기 때문이다.

각종 매체와 인터넷이 발전하면서 고객들도 과거 어느 때보다 소비에 대한 정보가 풍부해졌고, 따라서 원하는 것이 분명하며 누구보다도 그것

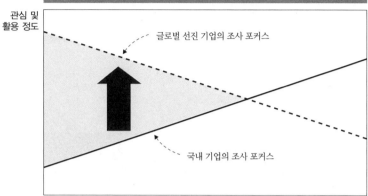

국내 기업과 선진 기업의 고객 니즈 조사 방법 비교

관심 및
활용 정도

글로벌 선진 기업의 조사 포커스

국내 기업의 조사 포커스

잠재 니즈 발굴   표면적 의견 청취

에 대해 잘 알고 있다. 반면, 아이러니하게도 너무 많은 정보 때문에 때로는 진정 원하는 것이 무엇인지는 모르는 경우도 많아졌으며, 더 나아가 이것들이 고객들의 내면에 미해결 상태의 잠재 니즈로 차곡차곡 쌓이게 되었다. 즉 이런 상황에서는 표현 니즈에 국한된 리서치는 단순한 유행과 트렌드를 쫓는 것에 그치게 된다. 다시 말해 오늘날의 치열한 경쟁 속에서 살아남기 위해서는 반드시 고객들의 잠재 니즈에 대한 충족을 추구하려는 노력이 필요하다.

그럼에도 불구하고 현실적으로, 많은 국내 기업들이 그저 몇 번의 설문조사와 인터뷰만으로 고객의 니즈를 모두 파악했다고 자부하거나, 모든 것을 고객의 관점에서 보겠다고 다짐해 놓고도 결국은 자신의 관점을 고객의 것인 양 고집하는 인지적 오류를 범하고 있다. 심지어 이 같은 문제점을 잘 인식하고 있는 기업들조차 편의성과 비용 문제에 부딪치면,

고객의 표면적인 의견 청취에 만족하고 마는 경우가 대부분이다.

진정한 잠재 니즈를 찾아서

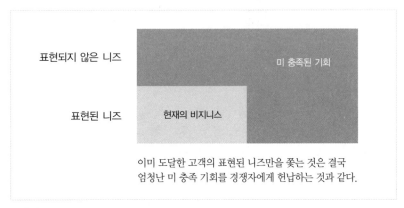

이미 도달한 고객의 표현된 니즈만을 쫓는 것은 결국
엄청난 미 충족 기회를 경쟁자에게 헌납하는 것과 같다.

• 출처 : *Hamel & Prahalad(1994), p. 67.*

　　최근들어 기존의 형식적인 마켓 리서치에 대한 반성으로 사업부, 직
접 제품을 구매·사용하는 고객, 공급자 등과 다각적 관계 속에서 긴밀
한 협력 관계를 구축함으로써 이 모두가 가진 명시적인 니즈는 물론 암묵
적인 니즈까지 파악하여 이를 연구 개발 활동에 반영하는 새로운 리서치
방법들이 개발되었다.

　　《How Customers Think》의 저자 잘트먼은 'ZMET(잘트먼 식 은유 추출
법)'이라는 리서치 방식을 개발했다. 이것은 전문 인터뷰어가 소비자가 직

접 가져온 그림들로 2시간 동안 인터뷰를 진행해 그 속에 숨겨진 은유를 추출하는 방법이다. 즉 1대 1 심층 면접 기법을 통해 고객의 잠재 니즈를 파악하는 작업으로, 여기서는 신경 생물학, 인지 심리학, 언어학 등 다양한 학문 분야의 연구 성과를 기반으로 한 다양한 조사 기법이 사용된다.

실제로 세계적 화학제품 제조업체 듀퐁(Dupont)의 경우, 여성의 잠재 의식에 숨겨진 니즈를 기존 조사가 빠뜨리고 있을지 모른다는 가정 아래 팬티 스타킹을 착용한 여성 20명을 선발하여 ZMET을 실시했다. 그 결과 '여성들이 팬티 스타킹을 귀찮아 한다는 점, 나일론을 좋아하면서도 싫어하는 양면적 감정을 가졌다는 점, 그러나 불편함을 감수하고라도 남성들에게 섹시하게 보이고 싶어하는 심리'를 읽어냈다. 이를 통해 너도 나도 직장 여성의 이미지를 슈퍼우먼으로 표현했던 당시의 광고 패턴에 '섹시함과 유혹적인 이미지'를 가미해 콘셉트의 변화를 추구함으로써 상당한 성과를 거두었다.

비단 ZMET만이 아니다. 현재 그 밖에도 관찰 조사, 감정 이입 디자인, 선도 사용자 프로세스, 심층 면접(FGI) 등처럼 과거보다 정교하고 정확한 마켓 리서치 방법들이 사용되고 있으며, 앞으로도 이 같은 조사 기법들은 더욱 발전할 전망이다. 그러나 이처럼 선택의 폭이 다양해진 만큼, 제품의 종류(혁신적인 제품 여부, 사치품 등)와 시장의 여건(진입 시기, 성숙 시장 여부 등) 등에 따라 어떤 방법을 택할 것인가의 문제에 대하여 여전히 기업의 신중한 선택이 필요하다. 뿐만 아니라 고객의 진정한 잠재 니즈를 파악하려면 무엇보다도 '고객지향적 마인드', 즉 아직도 고객을 잘 모른다는 사실을 인정하는 겸허한 자세, 고객과의 인식의 차이를 좁히기 위해 항상 노력하는 모습, 기업과 고객의 직접적이고 인간적인 접촉이 필요하다는 마인드 등의 문제가 아직도 숙제로 남아 있다.

다다익선 多多益善 이 오히려 독이 된다
다수의 오류 The Majority Fallacy

여자친구를 사귀고 싶어하는 대학교 새내기 승범……. 드디어 그는 불순한 목적(?)으로 동아리 가입을 결심한다.

승범 : 우리 학교에 이렇게 동아리가 많을 줄이야. 그렇다면 어떤 동아리가 좋을까? 당연히 여학생이 많은 동아리가 좋겠지? 그래, 결심했어!

드디어 손꼽아 기다리던 동아리 첫 모임. 그러나 승범은 당황하고 만다. 여학생이 적어서? 아니다. 승범을 당황하게 만든 것은 오히려 여자 신입부원의 3배가넘는 남자 신입부원들이었다. 나중에 안 사실이지만 그들도 대부분 승범과 같은목적으로 이 동아리를 선택했다고 한다.

승범의 선택은 어디서부터 잘못된 것일까?

애초의 목적이 불순했다는 것도 문제지만, 실질적인 오류의 출발점은 여학생이 많은 동아리에 들어가면 당연히 여자친구를 사귈 기회가 많아질 것이라는 막연한 기대에 있다. 승범은 바로 '다수의 오류(The Majority Fallacy)'에 빠져 있었던 것이다.

다수의 오류란?

현대 소비자의 취향은 매우 다양하다. 그러나 시장에서 소비자 취향 분포는 대체로 아래의 그림처럼 종형의 모습을 나타낸다.

즉 시장에서의 현대 소비자들의 분포는 평균 부분에 속하는 사람이 가장 많고 양끝으로 갈수록 그 수가 줄어든다. 예로 들면, 아주 튀는 옷을 좋

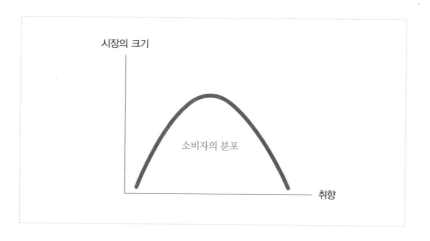

아하는 사람부터 단조로운 디자인의 옷을 좋아하는 사람까지 매우 다양하지만, 대부분은 평균 근처의 무난한 스타일을 좋아하는 것이다.

그렇다면 높은 수익을 얻기 위해서는 목표시장(target market)을 어디로 잡아야 할까? 단순하게 생각하면 가장 크기가 방대한 평균에 맞추는 게 당연할지 모른다. 그러나 여기서 문제는, 나만 그렇게 생각하는 게 아니라 다른 경쟁자들도 나와 똑같이 생각한다는 데 있다. 때문에 중간 부분은 언제나 가장 경쟁이 치열하다. 그래서 시장은 매우 크되, 이익은 별로 남지 않는 것이다. 바로 이를 '다수의 오류'라고 칭한다.

다수의 오류에 빠지지 않기

그렇다면 '다수의 오류'에 빠지지 않기 위해 기업은 어떤 노력을 기울여야 할까?

일단은 목표시장에 대한 질적 가치 분석이 선행되어야 한다. 요즘 유행하는 '80/20의 법칙'이나 '5% 마케팅'이라는 용어에서도 느낄 수 있듯이, 어중간한 다수보다는 핵심적인 소수 고객이 더욱 큰 가치를 가져다 주기도 한다. 즉 기업은 기존의 양적 가치 중심의 좁은 시각에서 벗어나 그 질적 가치에 대해서도 고민해야 한다는 뜻이다.

예를 들어 다음 페이지에 제시한 기술 수용 주기 모델을 살펴보자. 기술 수용 주기 모델은 신기술을 적용한 첨단 제품 시장에 대한 분석에 주로 사용되는데, 여기서 집단의 크기는 전기-후기 다수 수용자가 가장 크지만, 제품이 시장 수용 여부나 다른 소비자들의 제품 선택에 미치는 '시장 영향력'에서는, 이노베이터나(innovator)나 얼리 어답터(early adopter) 층이 그 질적 가치 면에서 현격하게 높은 수준을 보이고 있음을 알 수 있다.

한편, 이 같은 기술 수용 주기 모델의 예에서는 '시장 영향력'이 질적 가치 분석의 중요한 기준이 되지만, 사실상 기업이 속해 있는 분야에 따라 질적 가치의 기준은 얼마든지 다양해진다는 점 또한 기억해야 한다.

다시 본론으로 돌아가 이처럼 질적 가치 분석이 선행되었다면, 다음으로는 목표시장과 기업의 상호 적합성 여부를 파악할 필요가 있다. 아무리 질적 가치가 뛰어난 시장일지라도 기업의 철학과 맞지 않거나, 반대로 기업이 시장에서 요구하는 역량을 갖추지 못했다면, 그 시장과 기업은 장기적인 관계를 유지할 수 없으며, 이 경우 기업은 목표시장에 적

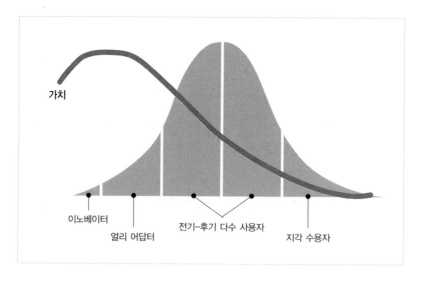

합한 내부 역량을 갖출 때까지 시장 진입을 미루거나, 매력도는 본래 목표시장에 비해 떨어지지만 실질적으로 더 적합한 니치마켓(Niche Market)을 공략해야 한다.

월마트의 경우를 예로 들어보자. 월마트가 처음 사업을 시작할 때만 해도 미국 할인점 1위는 K마트가 차지하고 있었다. 당시 K마트는 중대형 도시의 주요 도로 부근에 대규모 매장을 건설하는 입지 전략을 통해 미국 최대의 할인점으로 등극했다. 이에 반해 월마트는 상대적으로 시장의 매력도는 떨어지지만 경쟁이 없는 소규모 도시를 중심으로 입지를 선정했고, 거기서 사업을 키우며 내부적 역량을 축적했다. 현재 월마트는 어떠한가? 미국뿐 아닌 세계적으로 최대로 손꼽히는 유통업체가 되었다.

상식의 눈에서 벗어나자

"절대로 다수를 따라가지 말라"는 말이 있다. 모순처럼 들리는 이 말은, 상식과 직관에 반함으로써 오히려 그것이 가치가 있음을 강조한다. 산업에 따라, 기업에 따라, 그리고 고객에 따라, 고객의 가치는 상대적이다. 즉 기업의 올바른 고객가치를 파악하는 일은, 다수라는 평범의 늪에서 벗어나는 것에서부터 시작되어야 한다.

다듬어지지 않은 원석을 찾아라
블루오션

1950년 미국 노스캐롤라이나 벤포트의 고등학교. 조금 불량하긴 하지만 평범한 졸업반 학생인 랜던 카터. 또래들 대부분이 그러하듯 그 역시 인기 많은 여학생과 사귀고 친구들과 즐기는 게 전부인 무료한 일상을 보내고 있었다. 그러던 어느 날, 그의 눈에 제이미라는 다소 엉뚱한 소녀가 들어온다. 목사의 딸인 제이미는 항상 같은 색 스웨터를 입고 다니고 착한 성격에도 불구하고 보수적인 면이 강해 또래들과 잘 어울리지 못한다. 그래도 나름 씩씩한 제이미에게 랜던은 조금씩 호감을 느끼는데……. 학교에서 사고를 저지른 벌로 연극에 참여하게 된 랜던은 상대역인 제이미와 많은 시간을 보내게 되고, 이전까지 자기가 관심을 가졌던 여학생들과는 다른 제이미만의 매력을 발견하게 된다. 어려운 사람을 위해 봉사할 줄 알고, 사려 깊고, 시간을 아껴가며 무언가 의미 있는 일을 하고, 밤

하늘의 별을 관측하길 좋아하는 제이미. 그 동안 그녀의 겉모습만 보았던 랜던은 결국 제이미에게서 인생의 희망과 의미를 발견하고 그녀와 사랑에 빠지는데…….

랜던은 이렇게 말한다.

"제이미는 내 인생을 구해주었어, 항상 그녀를 그리워할 거야. 사랑은 바람 같아서 볼 수는 없지만 느낄 수는 있으니까." (Jamie saved my life. I'll always miss her. But our love…… is like the wind. I can't see it…… But I can feel it.)

_영화 〈워크 투 리멤버Walk to Remember〉 중

기업의 고객을 탐색하고 공략하는 방법에는 무엇이 있을까?

A 기업 : 우선 우리 기업이 속한 산업의 기존 고객을 염두에 둔다. 그들이 어떤 사람들인가 고민하고, 차이점 별로 세세하게 나누어(세그멘테이션) 우리 기업의 특별한 면을 가장 잘 전달할 수 있는 하나의 고객층(타깃)을 잡아 매진한다. 공략 방법은 경쟁 기업 대비 저가격, 혹은 차별화된 고품질 중 하나를 선택.

B 기업 : 우선 우리 기업이 속한 산업은 물론, 그 경계선 너머 산업 중에서도 우리 기업과 경쟁이 될 만한 무언가를 제공하는 기업

들이 있는지 염두에 둔다. 그리고 그들의 고객도 우리 고객이 될 수 있다는 것을 잊지 않는다. 또한 우리의 기존 고객과 비고객이 누구인가 고민해 보고, 그 양측이 우리 기업에 원하는 게 각각 무엇인지를 생각한다. 그들에게 별로 필요치 않은 가치가 제공된 적은 없었는가? 있었다면, 찾아내어 삭제한다. 그리고 고객에겐 필요했는데 기업은 생각지 못했던 새로운 가치가 있다면 선별해 제공한다. 그리고 그 가치를 따라 새로이 합류하는 고객에 매진한다.

공략 방법은 불필요한 가치를 없애 낮춘 합리적 가격, 다른 기업과 차별화된 고객을 위한 가치 제공, 이 두 가지 모두.

보기에도 익숙한 A 기업의 작업은 레드오션 정석, B 기업의 작업은 블루오션 정석의 사례다.

블루오션 전략의 핵심

블루오션 전략의 핵심은 저마다 비슷한 가치를 제공하느라 출혈을 서슴지 않아야 되는 제살 깎아먹기 경쟁 시장에서 벗어나는 것을 의미한다. 즉 기존에 늘 통용되었던 틀에 박힌 업종 분류나 고객 개념에 얽매이는 대신, 고객 범위와 고객 니즈를 다시 한번 점검함으로써 고객은 원했으나 기업은 염두에 두지 않았던 가치를 찾아 제공하고, 필요 없는 것은 과감히 축소해 비용을 절감하는 것이다.

이것에 성공하면, 새로운 고객과 새로운 고객 니즈로 구축된 그 공간은 경쟁자들이 침범할 수 없는 푸른 바다(Blue Ocean)와 같은 새로운 시장으로 거듭나고, 더불어 해당 기업도 그 시장에서 주도권을 잡을 수 있게 된다.

결국 블루오션은 새로운 수요 창출과 고수익 성장을 향한 미개척 공간으로서, 다른 업체와 경쟁하지 않으면서 저비용으로 고수익을 얻을 수 있는 새로운 시장을 뜻한다.

이에 반해 레드오션은 이미 세상에 알려진 시장으로서, 많은 기업들이 좀더 큰 점유율을 얻기 위해 치열한 경쟁을 벌일 수밖에 없는 각박한 공간이다.

기존의 레드오션 전략과 블루오션 전략의 특징을 간략하게 비교하면 다음과 같다.

레드오션 전략	블루오션 전략
■ 기존 시장 공간 안에서 경쟁	■ 경쟁자 없는 새 시장 공간 창출
■ 경쟁에서 이겨야 한다	■ 출혈 경쟁을 무의미하게 만든다
■ 기존 수요시장 공략	■ 새 수요창출 및 장악
■ 가치-비용 가운데 택일	■ 가치-비용 동시 추구
■ 차별화나 저비용 가운데 하나를 택해 회사 전체 활동 체계를 정렬	■ 차별화와 저비용을 동시에 추구하도록 회사 전체 활동 체계를 정렬

· 출처 : 《블루오션 전략》, 김위찬, 르네 마보안(2005)

고객 탐색의 첫 걸음, 경쟁의 틀을 깨는 시장 경계선의 재구축

새로운 가치를 제공하는 블루오션 창출을 위해서는, 시장 경계선 내부뿐 아니라 경계선 전체를 바라볼 필요가 있다. 그를 위해서는 첫째, 자사의 대안(alternatives) 산업을 관찰하고 그 산업 내외에서 고객들을 한 상품에서 다른 상품으로 옮겨가게 만드는 핵심 요소가 무엇인지 관찰할 필요가 있다. 대안품은 대체품보다 훨씬 넓은 의미의 용어로, 기능과 형태는 다르지만 동일한 목적을 가진 제품이나 서비스를 포함한다.

어느 날부터인가 각 가정의 김장독을 대신하게 된 김치냉장고를 살펴보자.

만도가 최초로 김치냉장고를 출시한 무렵은, 우리 주거문화가 단독주택에서 아파트로 교체되던 시점이었다. 그리고 기존의 김장독을 아파트까지 들이기 어려웠던 고객들은 이를 대체할 새로운 김치 보관법에 고심하고 있었다. 김장독을 버리고 기존 냉장고에 김치를 보관하자니, 김치 냄새, 비좁은 냉장 공간, 쉽게 숙성하는 김치 등 여러 문제점이 있었기 때문이다.

만도 위니아 딤채

이 시기, 대기업들은 더 강력한 냉각기능과 (김치를 보관해도 넉넉한) 용량을 겸비한 냉장고를 개발하기 위해 치열한 경쟁을 벌이고 있었다. 바로 이때 중소기업이던 만도는 이들과의 직접 경쟁에서 한 발 물러나 새로운 상품 개발에 눈을 돌렸다. 냉장고에 김치를 보관하는 방식의 대안이던, '김장독' 김치냉장고가 바로 그 주인공이었다.

결국 만도는 김장독의 원리와 땅 속의 온도 등을 연구해 좋은 김치 맛을 내는 조건을 찾아내고, 김치 맛의 최적 보관 상태를 유지할 수 있는 새로운 냉각 방식을 개발, 김치냉장고 시장이라는 새로운 시장을 구축했다. 만도는 이후에도 '김치는 김치냉장고에'라는 새로 등장한 시장 원칙(rule)의 확고부동한 중심으로 자리매김하여 그 자리를 굳건하게 지켜나가고 있다.

이처럼 시장 경계를 넘나드는 대안 산업에 눈을 돌리는 방법이 있다면, 둘째로는 개척되지 않은 보완적 제품과 서비스를 관찰하는 방법도 있다. 이는 고객들이 자사 상품을 사용 전 · 중 · 후에 각각 어떤 일련의 변화를 일으키는지를 살펴보면 알 수 있다. 예를 들어 가족과 외식을 할 때 맛도 중요하지만 아이들을 마음놓고 맡길 수 있는 놀이 공간이 있는지, 주차하기는 편한지 등이 고객들이 생각하는 식당의 가치에 영향을 미친다. 예를 들어 반즈 앤 노블 서점은 판매하는 제품을 아예 새롭게 정의함으로써 보완점을 명확히 했다. 단순히 책만을 전시했던 기존 판매 형식에, 책을 고르기 전 · 중 · 후 과정을 고려하여 독서 · 지적 탐구의 기쁨 등을 판매 리스트에 추가한 것이다. 또 서점 내에 책 읽기 편하고 즐거운 환경을 조성했으며 심지어는 커피 바까지 제공했다.

셋째, 자사 제품에 모자란 감성적 또는 이성적 매력을 관찰하는 것도 중요하다. 아마도 대다수의 산업들이 감성적 요소를 중시하든지, 이성적 요소를 더 중시하든지 둘 중 하나만을 추구할 가능성이 높다. 그러나 한 방향으로만 치우치는 대신 그 반대편까지 생각해 보는 것도 필요하다. 예를 들면 기능성 시계 산업에서 감성적 패션 도구로 전환한 스와치 시계, 주로 감성에 호소하던 화장품 업계에서 기능석이고 실용직인 회장품을 개발한 바디샵, 미샤 등이 대표적인 사례다.

두 번째 걸음, 새로운 가치 찾기

사실 산업 내 경쟁자들의 경쟁에 영향을 미치는 요소, 또는 향후 그럴 가능성이 있는 요소들을 찾아내 새로운 가치를 발견하는 일이란 그리 쉽지 않다. 이를 위해서는 적어도 3단계의 작업이 필요하다.

첫째는, 현재(as is) 자사의 경쟁 요소를 작성해 경쟁사와 비교하고 현재 전략에서 변화할 필요가 있는 부분을 찾아낼 것, 둘째는, 현장에 찾아가 자사 제품의 대안 제품이 무엇인지 상품의 차별점과 강점을 관찰해 제고하고 재창조가 필요한 요소들을 고민해 볼 것, 셋째는, 현장조사를 통한 통찰력을 바탕으로 미래(to be) 전략을 구상하고 자사 고객, 경쟁사 고객, 비 고객으로부터의 반응을 듣는 것 등이다.

기존 패키지 여행과는 차별화된 경험을 제공하는 클럽메드(Club Med)를 살펴보자.

'뭐든지 할 수 있는 자유, 뭐든지 하지 않을 수 있는 자유'라는 슬로건에서 알 수 있듯이 클럽메드의 여행상품은 꽉 짜인 일정 속에 가이드의 안내를 받으며 진행되는 기존 패키지 여행과는 달리, 고객별로 프로그램을 선택할 수 있다. 하고 싶은 것만 하는 것, 그 자체가 클럽메드의 차별점이 된 것이다. 또 추가 비용 없이 한 번의 지불로 숙박, 서비스, 상품 구입 등을 가능하게 함으로써, 여행지에서 흔히 경험하는 짜증나는 옵션 상품을 없애고, 지불한 비용 범위 내에서 모든 것을 원할 때 즐길 수 있도록 했다.

게다가 클럽메드는 리조트에 상주 직원인 지오(Gentle Organizer : GO)를 두어, 고객들이 지오의 리드 하에 다양한 레저를 즐기고 밤에는 지오들이 직접 고객들에게 즐거운 공연을 보여주는 시스템을 마련했다. 더불어, 연령별 프로그램을 제작해 부모들이 아이들 걱정 없이 마음껏 여행을 즐길 수 있도록 배려함으로써 휴양지에서의 궁극적인 필요충분요소인 '자유'를 제공했다. 즉 클럽메드는 기존 여행상품과는 차별화된 서비스와 지오를 통한 고객과의 친밀감을 극대화하는 전략으로 블루오션을 창출한 셈이다.

이번에는 온라인 자동차보험 시장을 개척한 교보생명을 살펴보자.

온라인 자동차보험 시장을 개척한 교보 다이렉트

이전까지만 해도 국내 자동차보험 시장의 판도는 삼성화재, 현대화재, 동부화재 등 쟁쟁한 기업들이 사후 보장 서비스, 전문적인 설계사, 브랜드 신뢰성 등의 요소를 가지고 서로 경쟁하는 상황이었다. 자동차보험 시장에 처음 진입한 교보생명은 이들이 집중하고 있는 부문에서 함께 경쟁을 펼치는 대신 고객과 회사를 위한 새로운 가치를 찾아냈다. 저렴한 가격, 가입 편의성, 판매인력 비용 절감으로 15% 저렴한 보험료에, 설계사를 직접 만나지 않고 인터넷이나 전화로 계약할 수 있는 편리성 등으로 고객들을 끌기 시작한 것이다.

더불어 교보생명은 '싼 게 비지떡'일 것이라는 예측을, 충분한 보상인력 확보와 철저한 서비스로 무너뜨리고, 기존 경쟁자들이 놓치고 있던 새로운 가치를 통해 온라인 자동차보험이라는 블루오션을 창출했다.

도움닫기, 비 고객으로부터 아이디어 얻기

왜 자사 고객이 아닌 이들로부터 새로운 가치창조를 위한 아이디어를 얻어야 하는가?

뒤집어 생각해 보자. 왜 그들은 자사 상품을 사용하지 않는 걸까? 자사 상품에는 무엇이 부족한 걸까? 혹시 그것이 우리가 그 동안 몰랐던 새로운 가치는 아닐까?

실제로 블루오션을 창출하고 키우는 비결에 대한 통찰력은, 상대적으로 만족하고 있는 고객보다는 비 고객으로부터 얻을 가능성이 높다.

가요계에 불었던 가수 장윤정의 트로트송 〈어머나〉 열풍을 살펴보자. 20대 혹은 30대인 당신, 어느 날 문득 〈어머나〉를 흥얼거린 적 없었는가? 만일 그랬다면, 과거 어떤 트로트를 그렇게 흥얼거린 적이 있었는가 생각해 보라. 어머나의 성공비결은 가요 시장의 게임 법칙을 넘어 트로트는 기성세대의 전유물이라는 고정관념을 깬 발상의 전환이었다.

〈어머나〉는 트로트의 철저한 비 고객인 젊은이들의 취향을 반영한 빠르고 경쾌한 멜로디, 그리고 폴카를 접목시킨 퓨전 트로트로 젊은이들조차 고개를 끄덕이며 따라 부르게 만들었다. 여기에 젊고 발랄한 이미지의 여가수까지 등장시켜 트로트하면 고개를 돌렸던 젊은 세대를 포함한 전 세대를 트로트 열풍에 합류시켰다.

좀더 구체적으로, 기업의 비 고객은 세 가지 종류로 나뉜다.

첫 번째는 보다 나은 상품을 찾는 사람들로, 현재 시장이 공급하는 상품을 최소한으로 사용하다가 더 나은 대안품을 발견하면 즉시 옮겨간다. 두 번째는 거부하는 비 고객으로, 기존 시장이 제공하는 상품을 받아들일 만한 가치가 없다고 생각해 아예 사용하지 않거나 때로는 구매능력이 그에 미치지 못하는 경우다. 세 번째는 지금까지 업계가 한 번도 목표 고객으로 삼지 않았던 것은 물론, 잠재고객으로도 고려하지 않았던 사람들이다.

〈어머나〉를 흥겹게 따라 부르던 젊은이들을 굳이 분류하자면 두 번째 혹은 세 번째 고객 군에 속하지 않았을까?

깊이 생각해 보자. 비 고객들이 요구하는 가치란 과연, 자사 상품, 산업으로는 결코 충족시켜 줄 수 없는 것일까? 〈어머나〉의 경우, 비 고객인 젊은 세대와 기존 고객인 기성세대들이 공통적으로 요구하는 가치에 포커스를 두었다. 그리고 그 결과 젊은이들을 새로운 시장에 끌어들였을 뿐 아니라 기성세대에게 새로운 가치를 제공하지 않았는가.

레드오션과 블루오션, 멀리 하기엔 너무 가까운

그러나 여기서 잠깐.

작업에도 순서가 있듯이 레드오션에 대한 내공 없이는 블루오션의 수인공이 되는 것 또한 쉽지 않다. 아무런 바탕 없이 어느 날 불쑥 블루오션을 만들어 사업을 시작할 수는 없는 노릇 아닌가. 기존 시장을 무시하고 완전히 새로운 기준을 만들어낸다는 것은 사실 여간 힘들지 않으며, 실패할 가능성이 높은데다 설사 성공하더라도 그것을 지켜내는 것도 만만치 않다. 블루오션이란 본래 잘 하면 크게 성공하지만 실패하면 생존을 위협당할 정도로 리스크가 크기 때문이다.

기업이 레드오션과 블루오션 모두에 사업을 두었다고 치자. 이때 레드오션 사업들은, 당장은 수익이 나지 않는 장기적인 블루오션 사업이 궤도에 오를 수 있도록 받쳐주는 역할을 한다. 이러한 든든한 받침 없이 새로운 시장이 궤도에 오르기를 바라는 것은 어불성설이다. 아무리 기다려도 기반이 약해 높이 오르지 못하기 때문이다.

또한 새로 개척한 블루오션에 뛰어드는 경쟁자들로 시장이 치열해질 때 이들을 막는 것도 레드오션의 역할이다. 레드오션에서 단련된 차별화 혹은 비용 우위 등의 경쟁 전략이 유용하게 사용되기 때문이다. 안동찜닭, 불닭, 캘리포니안 롤, 이들이 시장을 처음 개척한 것은, 통닭집, 김밥집에 대비한 블루오션 전략이었다. 그러나 이제는 이 업종들도 어디서나 마주칠 수 있는 치열한 레드오션이 되었다는 것을 기억하자.

레드오션에만 너무 오래 머무르느라 블루오션으로 나가지 않는 것도 문제가 되지만, 처음부터 레드오션을 무시하고 블루오션만 고집할 수 없는 이유도 바로 여기에 있다. 점점 커져가는 시장이 언제까지 나 혼자만의 푸른 바다이길 바랄 수 없듯이 블루오션 전략에서 레드오션을 함께 고려해야 한다는 점도 반드시 염두에 두어야 할 것이다.

계란을 한 바구니에 담지 말라
고객 포트폴리오

항상 친구들과 함께 시간을 보내는 은희. 그런데 그녀의 친구 대다수가 동성이 아닌 남자들이다. 그러다가 다가온 발렌타인데이. 따로 초콜릿 줄 남자친구도 없던 은희는 수퍼에 들러 친하게 지내던 30명에게 줄 초콜릿을 고르는데, 주머니 사정이 뻔했던 탓에 적당한 금액으로 초콜릿 30개를 골라 집으로 향했다. 이때 마주친 친한 친구 태식으로부터, 평소 여자친구들이 시샘하던 똑똑하고 세련된 다희의 소식을 접하는데…….

태식 曰, "야, 너도 들었어? 다희 장난 아니더라, 능력도 좋지. 남자친구가 3명 있는데 한명은 유학생, 한명은 검사, 또 한명은 의사래~. 근데 남자친구 3명이 모두 너무 잘해준다고 난리더라. 꽃바구니 배달에 집까지 태우러 오고 가고 유학생은 아예 신용카드를 줬다던데, 참 어떻게 관리한 건지……. 소문엔 다희도 남자친구 하나하나 좋아하는 것을 파악해서 자기를 좋아하게끔 만든다던데~. 그렇게 하니까 어려운 일 있으면 서로 자기 분야에서 도와주겠다고 난리래. 너도 그런 남자친구 있으면 좋지 않겠어? 다희한테 노하우 좀 전수 받지 그래?^^"

사이버 증권 트레이드가 확산되면서, 어느 날 모 광고에 "코스닥이 뭐에요?"라고 질문하자, "계란을 한 바구니에 담지 말라"고 답하는 장면이 등장했다.

이제 포트폴리오는 일반 대중에게도 쉽사리 이해할 수 있는 개념으로 자리잡았다. 그렇다면 과연 주식만 포트폴리오를 구성하는 걸까?

앞의 사례에서도 볼 수 있듯이 포트폴리오는 이제 연애에서도 적용되고 있으며, 더 나아가 이를 기업에 대비해 생각해 볼 수도 있다. 즉 은희의 경우가 고객의 가치를 고려하지 않고 고객의 수에만 중점을 두는 기업이라면, 다희는 절대적인 고객의 수는 많지 않지만 가치 면에서 평가해 엑기스에 집중 투자하는 기업과 비유할 수 있다. 기업의 성과 역시 연애와 마찬가지로 다희와 같은 전략적인 접근이 필요한 것이다. 이와 관련해 머서 매니지먼트 컨설팅 대표의 한마디를 들어보자.

"단골고객 확보에 성공한 기업은 가장 중요한 자산이 상품도 서비스도 아닌 바로 고객이라는 사실을 누구보다도 잘 알고 있다. 따라서 경영자는 다른 자산을 관리할 때와 마찬가지 방식으로 고객 포트폴리오를 관리해야 한다."
_머서 매니지먼트 컨설팅 CEO, 던컨 맥더걸

그렇다면 과연 고객 포트폴리오의 효과적인 관리 방법은 무엇일까?

모든 고객은 왕? NO!

갈수록 치열해지는 경쟁 속에서 기업들은 막대한 비용을 들여 시장조사를 하고, 고객의 니즈에 부응하는 신상품 개발에 매진하고 있으며, 고객에 밀착하기 위한 판매 활동에도 나서고 있다. 그리고 이처럼 모든 경영 사고를 고객 중심으로 전환하는 데 가장 중요시되는 명제가 있다. 바로 '모든 고객이 똑같지 않다(All customers are not created equal)' 이다.

현재 많은 서비스 기업들이 아직도 각각의 고객이 가져다 주는 수익성은 무시한 채 고객의 수만 강조하고 있다. 그러나 수익성 없는 고객을 대상으로 전략을 수립하거나, 수익보다 비용이 더 높은 상품을 개발하거나, 보유하고 있는 유용한 정보를 제대로 활용하지 못한다면, 그 전략은 실패할 수밖에 없다. 같은 맥락에서, 서비스 생산 또는 운영 관리상 거래 고객 수도 중요하지만, 기업 전체의 입장에서는 사실 수익성에 영향을 미치는 고객의 믹스(customer mix)가 더 중요하다고 볼 수 있다.

올바른 고객 포트폴리오 관리는 고객관계 가치와 고객관계의 획득·개발·유지에 대한 충분한 이해를 바탕으로 바람직한 고객 수준을 결정하는 작업과도 긴밀한 연관성이 있다. 좀더 상세히 설명해 보면 ▷개인, ▷그룹, ▷시장, 이 세 가지 수준 중 하나를 선정하는식으로 이루어지는데, 고객관계 가치와 고객을 획득하고 고객의 필요를 충족시키는 데 드는 비용을 고려해 결정한다.

  반면 고객지식의 획득이나 활용 비용에 얽매이지 않는다면 개별 개인 수준의 고객관계 관리가 더 이상적이지만, 현실적으로 대다수 기업들이 비용이나 자원 면에서 한계가 있으므로 효율성을 높이려면 고객을 가치 면에서 평가해 최적의 고객 믹스를 실현하는 동시에, 모니터링을 통해 지속적으로 고객의 가치가 최적으로 유지될 수 있도록 해야 한다. 즉 양적 측면보다는 질적 측면에서 고객가치를 최적화하도록 관리하는 것이 진정한 고객 포트폴리오 관리다.

올바른 고객(Right customers) 유치

  실질적으로 보면 단기보다는 장기적인 이익 창출에 도움이 되는 고객이 더 가치 있다. 이 같은 고객을 선별하기 위한 도구로 근래 ABC분석이라는 것이 사용되고 있는데, 이 분석은 통계 분류를 통해 고객을 A, B, C 그룹으로 나누고 그 데이터를 분석하여 자사에 정말 필요한 고객을 선별·유지하는 목적으로 활용되고 있다.

  1995년 퍼스트 맨해튼 컨설팅 그룹의 조사에 따르면, 미국 주요 은행들의 매출 60%가 적은 20%의 우량고객에 의해 달성되고 있었다. 또한, 반면 나머지 대다수인 60%의 적자고객은 고작 매출의 24%를 올려주고 있을 뿐더러 오히려 이익을 잠식시키는 것으로 나타났다. 이는 한국의 금융기관들도 비슷하게 겪고 있는 일로, 대다수 은행들이 20%의 우량고객을 통해 60~85%의 매출을 발생하고 있다. 따라서 이 20%의 고객은 이른바 'A급 고객'으로 가장 중요한 계층이며, 업종에 따라 차이는 있지만 만약 이들 A급 고객이 80% 성노의 이익을 올리지 못할 경우 마케팅 접근 방법을 바꾸어야 하는데, 바로 이때 ABC 분석이 판단 지표로 활용된다.

국내 시스템 경비 업체인 에스원은 고객 포트폴리오를 고부가가치 위주로 재편해 내수 회복과 더불어 양호한 성장 지속을 이뤄냈다. 에스원은 2005년에 내수 회복 지연과 후발 사업자의 공격적인 영업으로 가입자 증가세가 둔화되었지만, 아파트용 저가형 시스템 경비 서비스(Total Apartment Security : TAS) 등 부가가치가 낮은 가입자 비중을 낮추고, 사무실 등 고부가가치 가입자를 유치하는 등 고객 포트폴리오를 재편했다. 그러자 2006년부터는 서비스 해지 비율이 하락하고 가입자당 매출액이 증가하면서 성공적인 고객 포트폴리오 관리를 일궈낸 표본으로 자리잡았다.

한편 고객과 관계 맺기 단계에서는 단기적인 수익뿐 아니라 기업과의 장기적 관계를 형성 · 유지할 수 있는 고객을 선별하는 일 또한 중요하다. 즉 관계 지향의 선천적 로열티나 적합성 역시 올바른 고객(right customers)의 판별 기준이 된다는 뜻이다. 또한 재무적 이익은 차치하고라도 기업에 일침을 가해주는 고객이나 신상품 아이디어 또는 개선점 등을 제공하는 고객 또한 장기적인 이익 창출에 기여하는 올바른 고객임을 기억해야 한다.

고객 포트폴리오를 수립할 때 고려할 요소

올바른 고객 포트폴리오를 수립하기 위해서는 기존 고객 포트폴리오의 가치를 점검하고, 시장과 경쟁자들의 포트폴리오를 비교한 후, 자원 할당의 적정성을 파악하는 작업이 선행되어야 한다. 구체적인 내용과 체크 포인트를 중심으로 살펴보면 다음과 같다.

첫째, 기존 고객 포트폴리오 가치를 이해하라. 개별 고객 및 전체 포트폴리오의 가치, 성장의 변화 추이 등을 평가함으로써 현재 성과를 파악할 수 있으며, 이를 위해 다음 사항들을 점검하자.

- 고객관계 가치의 분포 형태는?
- 상위 15%~20% 고객의 가치 집중은? 다른 고객과의 차이점은?
- 수익성 없는 고객관계들의 공통점은?
- 기존 고객의 가치 개발과 새로운 고객 획득의 수익 기여도는?

둘째, 시장 및 경쟁사와 비교를 시도하라. 자사 포트폴리오와의 차이점, 더 나은 포트폴리오 구성을 위한 대안 개발, 대안별 리스크를 평가함으로써 시장 포트폴리오를 이해하고, 경쟁 기업의 포트폴리오에서 고객들이 차지하는 상대적 비중을 파악하는 것이다. 이때 점검해야 할 사항은 다음과 같다.

- 전체 시장 포트폴리오/경쟁사의 포트폴리오와의 차이점은?
- 차이가 있다면, 두드러지거나 체계적인 특징적 차이는?
- 경쟁사의 포트폴리오에서의 가치 집중 정도는?
- 기존 고객과 신규 고객이 경쟁 기업의 성장에 기여한 정도는?

셋째, 자원 할당의 적정성을 파악하라. 고객들의 반응, 고객관계 향상을 위해 필요한 비용, 새로운 포트폴리오 구축으로 인한 수익 등을 평가함으로써 포트폴리오 구축에 투자한 노력에 대한 대가를 파악할 수 있다. 여기서는 다음과 같은 질문을 던져보면 좀더 명쾌한 해결점을 찾아낼 수 있다.

- 자원을 다른 곳에 투자하면 더 많은 이익을 얻지 않을까?
- 경쟁사와 비교했을 때 최고 가치 고객에 대한 투자 정도는 어느 정도여야 하는가?
- 자사의 고객관계 모형에 맞지 않는 고객은 없는가?
- 고객 · 정보 · 거래 비용을 줄일 수 있는 방안은 없는가?

제품 중심 조직에서 고객지향 조직으로

회사가 번영하기 위해서는 최초 설립 후 각기 다른 수명 주기 단계(잠재고객, 최초 구매 고객, 반복 구매 고객, 핵심 고객, 이탈자)에 놓인 포트폴리오를 이해하고 관리할 수 있는 능력을 개발해야 한다. 수명 주기 각각의 단계마다 고객 획득과 유지, 그리고 부가적인 판매 제안 등에 대한 고객들의 반응 방식도 달라지기 때문이다.

이때는 생산성과 수익성에 영향을 미치는 고객의 특성과 사회 파급도 등을 고려해야 하는데, 이처럼 각기 다른 방식의 반응을 이해하는 것은 회사의 수입을 극대화시키는 데 큰 도움이 된다. 이를 위해서는 사전에 기업을 '제품 중심 조직에서 고객지향 조직으로 전환'하는 작업에 온힘을 기울여야만 한다.

아멕스의 경우, 제품 위주의 마케팅 조직에서 고객 위주의 조직으로 전환하는 데 성공한 케이스로, 과거 아멕스의 조직 형태는 제품을 중심으로 회원을 모집·발급·관리하는 등 단순한 기능별로 분화되어 있었다. 그러나 아멕스는 이를 고객 관리자가 각각 해당되는 고객 포트폴리오를 담당하는 새로운 고객지향 관리 조직으로 전환시켰고, 큰 성과를 거두었다.

기업은 보유한 고객 포트폴리오 관리를 통해 고객에게 알맞은 제품을 알맞은 시기에 알맞은 채널로 공급함으로써 고객 한사람 한사람과 관계를 맺고 상호 가치를 공유할 수 있다. 그리고 이러한 맥락에서 고객 포트폴리오는 다양한 관점에서 균형 있게 계획·선정·평가·관리되어야 한다. 또한 모든 고객을 단골로 만들겠다는 생각에서 벗어나 고객을 자산으로 바라보고 바람직하지 않은 고객과의 거래는 과감히 포기해야 한다.

그런가 하면, 기업의 고객 포트폴리오는 시간 경과에 따라 제품 수명 주기의 진행이나 유입 고객의 변동, 외부 요인의 변동(경쟁 기업의 전략, 시장 환경의 변화) 등 다양한 요인에 영향을 받는다. 따라서 기업은 이러한 변동을 지속적으로 모니터해 현재가 최적의 믹스인지 분석하고, 수익성이 기대보다 높거나 낮다면 적절한 시섬에 필요한 대응을 할 수 있도록 수정·보완해야 한다.

조직 이론의 대가인 제프리 페퍼(Jeffrey Pfeffer) 와 로버트 셔튼(Robert Sutton) 교수는 《왜 지식경영이 실패하는가(The knowing-doing gap)》라는 책에서, 많은 기업들이 실패하는 원인을 '알고 있는 것' 과 이를 '행동에 옮기는 것' 에서 생기는 차이에서 찾았다. 따라서 고객을 이해하는 작업이 끝났다면, 이제는 고객에 대해 알고 있는 것과 실제로 행하는 것 사이의 차이를 좁혀야 하며, 이러한 연결의 당위성은 로열티 확보를 통해 획득될 수 있다.

초대장이 없는 파티
앰부시 Ambush 마케팅

친구의 소개를 통해 이상형을 만난 김대리. '그녀는 나를 어떻게 생각할까? 어떻게 하면 그녀의 관심을 더 끌 수 있을까?' 매일 그녀 생각뿐이다.

김대리 : 소개시켜 준 친구 녀석 말이, 최근 그녀가 스노우보드 동호회에 가입했다지. 다음주에는 동호회에서 단체로 휘닉스파크를 간다던데……. 그것까지는 좋은데, 그 동호회에 그녀를 마음에 두고 있는 대학원생 최모 군이 있다니, 거 참 골치 아프군, 같은 동호회 회원이면 그녀에게 접근하기도 쉬울 텐데……. 그건 안 되지, 절대로 안 돼!

결국 다음주, 김대리는 그녀를 만나기 위해 스키장으로 향했다. 그리고 최모 군이 그녀에게 접근하는 걸 막기 위해 서둘러 그녀의 동호회 회원들이 있다는 곳으로 향했다. 그곳에서 김대리를 본 그녀 역시 반가워했고, 김대리는 이렇게 우연을 가장한 만남을 이끌어가면서 초보자인 그녀를 위해 차근차근 스노우보드를 가르쳐주었다. 결국 김대리는 비록 동호회의 정식 회원은 아니었지만 그녀와 보드도 같이 타고, 커피도 마시면서 하나씩 추억을 만들어갈 수 있었다.

김대리는 동호회의 정식 회원은 아니었지만, 회원인 최모 군보다 그녀에게 더 큰 만족감을 주었으며, 그로 인해 두 사람의 관계에도 청신호가 켜졌다. 나중에 들은 말이지만, 그녀는 김대리를 같은 동호회 회원으로 생각했고 처음에는 그에 대해 갈등했지만, 그곳에서 그를 마주친 뒤부터는 인연으로 생각하기 시작했다고 한다. 결국 김대리는 동호회 회원도 아니면서 동호회 회원인 최모 군보다 그녀에게 더 강한 인상을 남겨줄 수 있었다. 김대리의 이러한 행동은 앰부시 마케팅의 일종으로 볼 수 있다.

앰부시의 사전적 의미는 '매복을 통한 먹이 사냥법'이다. 마케팅에서는 스폰서십이 없는 기업이 마치 스폰서인 것처럼 행동해 해당 이벤트의 인기와 권위로부터 이익을 얻는 프로모션 전략을 의미한다. 특히 대규모 스포츠 행사와 관련해 활발히 행해지고 있다.

앰부시 마케팅이 필요한 이유

2006년 독일 월드컵이 개막했다. 그리고 월드컵이 개막되기 전부터 거의 모든 기업들의 광고가 월드컵 관련 내용으로 도배되기 시작했다. 그만큼 월드컵이라는 행사에 대한 대중들의 관심이 높았기 때문이다.

이처럼 세계적으로 월드컵이나 올림픽 등의 스포츠 행사에 대한 관심이 급증하면서, 스포츠 행사와 관련된 마케팅이 고객과의 관계 맺기에 큰 힘을 발휘한다는 기업의 인식도 확대되고 있다. 실제로 이런 대규모 스포츠 행사는 세계적인 이목이 집중되기 때문에, 기업 입장에서는 고객의 가치를 확보할 수 있는 가장 좋은 기회다. 그렇기 때문에 기업들은 이 황금 기회를 틈타 자사의 이미지를 고객들의 뇌리에 강하게 심어 주고 싶어한다.

그러나 현실적으로 고객가치의 결집소인 이런 스포츠 행사 관련 마케팅의 기회가 모든 기업에 열려 있는 것은 아니다. 공식 스폰서가 되지 못한 기업은 해당 스포츠 행사를 직접적으로 마케팅에 활용할 수 없기 때문이다. 실제로 근래 들어 공식 스폰서 권리 획득 비용이 천문학적으로 증가하고 있으며, 선정되는 기업 수도 제한적이다. 따라서 이러한 권리를 얻지 못한 많은 기업들이 간접적인 표현을 통해 대중들로 하여금 자신들을 공식 스폰서 기업으로 착각하도록 만들어 공식 스폰서들이 얻는 것과 유사한 효과를 얻고 있다.

지난 2002년 한일월드컵으로 돌아가보자. 2002년 온 거리를 뜨겁게 달구었던 '대~한민국' 구호 열풍을 모두 기억할 것이다. 2002년 월드컵 당시 국제축구연맹(FIFA)이 직접 선정한 공식 파트너는 전세계 총 15개 업체로, 이 가운데 고객가치를 확보할 수 있는 정식 기회를 받은 국내 업체는 현대자동차와 KT/KTF 2개 기업에 불과했다. FIFA 규정상 공식후원

붉은 악마 캠페인

계약을 맺은 업체들만이 월드컵 관련 마크나 용어를 사용할 수 있기 때문에, 이들이 누리는 독점적인 권리는 클 수밖에 없었다. 그렇다고 공식후원업체가 되지 못한 기업들은 고객가치가 일부 기업에 집중되는 장면을 그대로 보고만 있었을까?

아니었다. 결국 공식후원 업체가 되지 못한 기업들은 이러한 규정을 교묘히 피해가는 방법으로 앰부시 마케팅을 적극 활용했다.

2002년 한일월드컵 공식후원사에서 탈락한 SK텔레콤은 차선책으로 대한민국 축구 공식응원단인 '붉은악마'를 후원함으로써 공식후원사였던 KT/KTF와의 마케팅 대결에서 완승을 거두었다.

'대~한민국' 구호와 '오! 필승 코리아' 응원가 등 붉은악마를 소재로 한 캠페인 광고가 폭발적인 인기를 얻자, SK텔레콤을 월드컵 공식후원사로 착각하는 사람들이 적지 않을 정도였다. 이에 따라 SK텔레콤은 국제 축구연맹의 공식후원사가 아니었음에도 월드컵으로 가장 큰 가치를 확보한 기업으로 등극했다.

앰부시 마케팅, 어떻게 활용할까?

그렇다면 앰부시 마케팅은 과연 어떻게 활용하는 것이 가장 효과적일까?

앰부시 마케팅의 대표적인 활용 방법은 다음과 같다.

첫째, 행사 중계방송 전후에 자사 광고를 내보낸다. 특히 스포츠 행사와 관련 깊은 인물을 모델로 기용하면 그 효과는 배가 된다. 2002년 한일월드컵 당시 삼성카드가 거스 히딩크 편 광고에서 사용했던 '당신의 능력을 보여주세요'라는 광고 카피는 대한민국의 4강 진출과 히딩크의 폭발적인 인기에 힘입어 하나의 유행어로 자리잡았다. 실제로 삼성카드는 히딩크의 인기 상승에 힘입어 1,400억 원 이상의 광고 효과를 거두었다.

둘째, 행사에 참가하는 팀이나 선수 등 보다 작은 단위의 참가자와 스폰서 계약을 맺는 방법이다. 2002년 한일월드컵 때 SK텔레콤이 선택한 방법이 대표적인 사례다. 그 밖에도 2004년 아테네올림픽 당시, LG전자는 올림픽 위원회와 중국 국가대표 탁구팀 등을 후원한 바 있고, 2006년 독일월드컵에서도 공식후원사가 되지 못한 금융권들이 축구선수들을 후원함으로써 상당한 마케팅 효과를 누렸다. 예를 들어 외환은행의 '이영

표 축구사랑 예금', 우리은행의 '아이러브 박지성' 등이 대표적인 예인데, 대표팀의 성적에 따라 예금금리를 높여주는 상품을 출시하고, 이 선수들을 모델로 상품을 광고했다.

이런 예는 TV드라마나 영화에도 얼마든지 발견할 수 있다. 가령 SK텔레콤이 권상우 주연의 이동통신사를 배경으로 한 드라마에 제작 지원을 했다면, KTF는 권상우를 모델로 기용해 드라마 중간 중간 광고를 내보내는 전략을 구사할 수 있다.

셋째, 행사 개최 도시나 행사장 주변에서 광고를 실시하는 것도 여기에 해당된다. 이것은 나이키가 자주 사용하는 방법으로, 나이키는 2002년 월드컵 당시, 지하철 여의나루 역사 전체를 24명의 세계 축구스타 이미지로 도배해 광고 효과를 톡톡히 누렸다. 또한 1998년 프랑스월드컵과 유로 2000, 2002년 한일월드컵에서는 나이키파크를 설치해 많은 축구팬들에게 나이키라는 브랜드를 각인시켰다. 특히 1996년 애틀랜타올림픽 당시에는 메인스타디움 입구에 자사를 소개하는 엄청난 규모의 '나이키타운'을 조성해 경기장을 찾는 관광객 대부분이 이곳을 찾도록 유도했다. 그 결과, 올림픽이 끝난 뒤 80%가 넘는 미국인들이 나이키를 IOC의 공식 후원사로 착각하는 현상이 일어났다. 이처럼 나이키의 앰부시 마케팅이 극적으로 성공하자, IOC는 2004년 애틀랜타올림픽에서 스폰서 업체가 아닌 기업은 경기장에서 일정 이상 떨어진 곳에서 판촉 활동을 해야 한다는 규정을 만들었다.

이외에도 앰부시 마케팅은 다양한 형태로 나타난다. 행사를 간접적으로 암시하는 용어를 사용하는 것도 그 중 하나다. 2002년 한일월드컵 당시 앰부시 마케팅을 이용한 업체들은 '16강', '대한민국', '오! 필승 코리아', '한국팀' 등과 같은 월드컵을 암시하는 관련 단어를 주로 사용했다.

경쟁 기업이 공식후원사인 경우, 우회적인 표현을 이용하여 이를 깎아내리는 방법도 있다. 가장 대표적인 사례가 1992년 릴레함메르동계올림픽에서 선보인 아메리칸익스프레스(아멕스)카드 사의 광고다. 올림픽 공식후원사인 비자카드는 오래 전부터 올림픽을 이용한 마케팅에서 경쟁사인 아멕스카드를 배제할 수 있는 광고를 내보내 왔다. 이에 대해 아멕스카드는 비자카드에 복수할 기회를 노렸고, 마침 1992년 릴레함메르동계올림픽 개최지가 비자가 필요 없는 유럽이라는 점을 감안해 다음과 같은 광고를 내보냄으로써 비자카드에 빅펀치를 날렸다.

'올 겨울에 노르웨이를 방문하신다면 여권만 준비하세요. 비자는 필요 없습니다.'
1994년 노르웨이 릴레함메르동계올림픽 당시 아멕스카드의 광고

이처럼 세계인의 관심이 집중되는 대형 행사의 공식후원업체가 된다는 것은, 무한한 고객들에게 자사를 알리고 고객의 가치를 확보할 수 있는 가장 좋은 기회다. 그러나 선택받은 기업은 일부에 불과하다. 따라서 초대장 없이도 고객들의 열기 집중으로 엄청난 마케팅 효과를 거둘 수 있는 앰부시 마케팅은 고객이 기업에게 가치를 줄 때까지 기다리지 않고 기업 스스로 적극적으로 노력할 때 비로소 고객의 가치를 확보할 수 있다는 사실을 반증하는 하나의 예라고 하겠다.

그러나 무분별한 앰부시 마케팅은 위험을 초래하기도 한다. 근래 들어 공식후원사가 아닌 기업들이 앰부시 마케팅으로 공식후원사보다 더 큰 이익을 얻기 시작하면서, 이를 견제하려는 움직임이 일고 있다. 최근 대한축구협회에서는 2006년 월드컵을 시작으로 공식후원사의 권리를 침해하는 앰부시 마케팅에 강력히 대처하겠다고 밝혔다. 박지성 선수가 붉은색 유니폼을 입고 찍은 모 이온음료 광고의 경우, 붉은색 유니폼이 대표팀을 연상시킨다는 협회의 판단 아래 광고를 중단시켰다. 즉 앰부시 마케팅은 공식후원사로 선정된 기업들의 권리를 침해하지 않는 최소한의 범위 내에서 이루어져야 하며, 특히 공식후원사에게 직접적인 피해를 줄 수 있는 마케팅은 자제해야 할 것이다.

헤어짐이 최선일 때도 있다
불량고객

친구의 소개로 만난 지우와 5개월째 만나고 있는 순진남 용준. 하지만 요즘은 그녀를 만날 때마다 마음이 무겁다. 처음에는 착하고 상냥한 줄로만 알았던 지우가 사귄 지 1달이 지나자 만날 때마다 값비싼 선물을 사달라고 조르고, 어쩌다 부탁을 들어주지 않으면 용준의 마음이 변했다며 화를 내기 때문이다. 한두 번도 아니고 계속되는 그런 지우의 행동에도 불구하고, 오히려 사람과 사람의 인연은 소중하다는 신념으로 오히려 자기 잘못은 없는지 돌아보는 착한 용준……. 그러던 어느 날 깜짝 이벤트를 위해 지우의 학교로 찾아갔다가, 우연히 지우가 친구와 통화하는 것을 듣게 된다.

지우 : "뭐~ 용준이? 뭐 사달라는 대로 선물 잘 사주니까 만나는 거지, 아니면 내가 그런 사람 왜 만나겠니?"

이제 순진남 용준은 그의 평소 신념에 변화를 주려고 한다.

"그래 때로는 헤어지는 것이 최선일 때도 있는 거야~!"

사람의 인연이 소중하다는 용준의 믿음은 물론 잘못된 것이 아니다. 그러나 모든 사람이 똑같을 수 없듯이, 인연도 모두가 항상 소중할 수만은 없다. 기업의 경우도 마찬가지다. '고객이 기업의 소중한 자산'이라는 진리는 변함없다. 그러나 '모든 고객이 기업의 소중한 자산인가?' 하는 부분은 충분히 재고해 봐야 한다. 고객 중에는 수익은커녕 오히려 손해만을 안겨주는 '불량고객'도 존재하기 때문이다.

피해야 할 고객?

아직도 우리 주변에는 '어떤 식으로든 많은 고객을 끌어 모아 기업의 성장을 이루면 그만이다. 사실 많이 성장할수록 좋은 것 아닌가?' 라는 생각을 가진 기업이 다수 존재한다. 그러나 진정으로 고객과의 관계를 중요시하는 기업이라면 직원에 대한 선별적인 채용 못지않게 고객을 선별할 때도 신중을 기해야 한다. 즉 기업이 적극적으로 포섭해야 하는 올바른 고객이 있는가 하면, 반대로 관계 맺지 않기 위해 노력해야 하는 고객도 있다.

기업이 피해야 할 고객은 크게 두 가지 부류다.

하나는 장래성이 없는 고객으로, 이는 주로 상품과 낮은 부합도를 가지거나 기업이 추구하는 가치가 불일치하는 경우다. 이 같은 고객과 관계를 지속하면 상호간에 불만족만 커진다. 다른 하나는, 기업이 유치하고자 하는 특성은 가지고 있으나, 기업의 시설물을 훼손한다거나, 제품이나 서비스에 값을 지불하지 않거나, 다른 고객에게 피해를 주는 고객을 말한다. 두말할 것 없이 이런 고객은 애초부터 가까이 두지 않는 것이 상책이다.

고객 중에도 불량고객이 있다?

'제이워커(Jaywalker)' 란 '무단횡단자'를 뜻한다. 같은 맥락에서 서비스나 제품을 잘못 소비하거나 잘못 사용하는 고객을 '제이커스터머(jaycustomer)', 즉 불량고객이라 부른다. 그러나 실제로 불량고객에 대하여 딱히 어떠하다고 정의내리기가 쉽지 않다. 뿐만 아니라 산업별로 그 유형도 천차만별이다. 그러나 일반적으로 적용되는 몇 가지 유형을 보면 다음과 같다.

불량고객의 유형 및 개념

유형	개념	예
도둑형	제품이나 서비스에 대가를 지불하지 않거나 훔치는 고객	• 호텔 객실 내 미니바 이용 후 물을 담아놓는 고객 • 대형 마트에서 몰래 물건을 가져가는 고객
규칙 위반형	정해진 규칙이나 규율을 무시하는 고객	• 수영장에서 수영모를 착용하지 않는 고객 • 무단횡단 보행자
호전형	사소한 일로 종업원 등에게 거칠게 항의하는 고객	• 증권사 객장에서 고함치는 고객
내분형	화난 고객들 중에서 다른 고객들과 싸우는 고객	• 옆 테이블 고객과 다투는 고객 • 내기 골프에서 지고 심하게 다투는 고객
파괴형	물리적 시설을 훼손하거나 더럽히는 고객	• 콘도의 주방기구를 파손하는 고객 • 공중전화기 번호판을 담뱃불로 지지는 고객
신용 불량형	제공받은 제품이나 서비스에 대한 값을 지불하지 않으려는 고객	• 사용한 전화비를 계속적으로 납부하지 않는 고객

불량고객에 대한 올바른 파악이 필요한 이유

아직도 간혹 직원들에게 다음의 두 가지를 불변의 진리인 것처럼 교육하는 회사가 있다.

---

1. 고객은 무조건 옳다.
2. 아니라는 생각이 든다면 다시 1을 상기하라.

과연 고객은 무조건 옳은가? 아래의 신문기사를 보자.

미국 패스트푸드 업체 웬디스를 곤경에 빠뜨린 문제의 손가락은, 결국 '칠리 수프에서 사람 손가락이 나왔다'고 주장한 여성의 남편 친구의 것 이라는 경찰의 조사 결과가 발표되었다.

14일 〈LA타임스〉 인터넷 판은 미국 캘리포니아 주 새너제이 경찰 당국의 발표를 인용해, '칠리 수프 속 손가락은 고발자 애나 아얄라의 남편인 하이메 플라스첸시아의 친구 것'이라고 전했다.

롭 데이비스 새너제이 경찰국장은 "여러 실험에서 문제의 손가락이 남편의 친구 것임을 확인했다"고 밝혔다.

웬디스 북미 지역 영업 담당 톰 뮐러 사장은 "지금까지 드러난 증거로 볼 때, 우리의 결백이 완전히 입증됐다는 데 의심의 여지가 없다"고 말했다.

지난 3월 22일 아얄라는 새너제이의 한 체인점에서 칠리 수프를 먹다가 그 안에서 손가락을 발견했다며 소송을 제기했으며, 궁지에 몰린 웬디스 는 결백을 주장하면서 관련 정보 제공자에게 10만 달러의 현상금을 내건 바 있다. 이번 경찰 발표로 웬디스의 결백이 입증됐다 해도 그간 웬디스 가 입은 브랜드 가치 측면의 손해, 영업적 손실은 고스란히 남게 됐다.

_〈국민일보〉 2005. 5. 14

항공사들이 기내 편의물품 분실 대책 마련에 골머리를 앓고 있다. 기내에 서 가장 잘 없어지는 물건은 국제선에 제공되는 담요다. 가볍고 따뜻한 순모 제품으로 배낭여행에 나선 학생들에게는 요긴한 물품이 될 수 있어

호시탐탐 대상 1호로 꼽힌다.

대한항공의 경우 기내에서 증발된 담요 수는 2001년 17만 6832장, 2002
년 21만 3435장, 2003년 25만 3170장, 지난해 29만 8130상에 이르고 있
다. 올해에도 30만 장을 웃돌 것으로 대한항공 측은 예상하고 있다. 아시
아나항공도 사정은 마찬가지여서 월 평균 3,000여 장의 담요가 없어지고
있다. 분실되는 것까지 합해 매월 새로 보충해야 하는 담요는 1만 2,000여
장으로 총 2억 원어치다.

헤드폰도 승객들이 자주 '슬쩍' 하는 물품. 항공사 로고가 새겨져 있어 기념
품으로 간직하고자 하는 승객들의 타깃이 되고 있다. 국제선 승객들이 그냥
가져가는 헤드폰은 아시아나항공의 경우에만 월 1,000여 개에 이른다.

구명동의(救命胴衣)도 월 평균 50여 개(300만 원 상당)가 사라지는 것으로
아시아나측은 추산하고 있다. 구명동의는 생명보호에 없어서는 안 될 필
수품이기 때문에 이를 가져가는 행위는 '생명에 대한 절도행위'에 해당한
다고 항공사 관계자들은 지적한다. 이 밖에 1회용 면도기와 치약·칫솔
등 세면용품은 물론 화장품 세트까지 싹쓸이해 가는 얌체족들도 있다. 그
러나 서비스를 강조해야 하는 항공사측으로서는 뾰족한 대책이 없다. 아
시아나항공은 담요를 아예 장당 1만 7,000원에 통신판매해 대중화에 나
서는 고육책을 마련했다. 실제 월 500여 장이 팔려나간다. 대한항공은 기
내 물품에 '사용하신 뒤 돌려주세요.'라는 스티커를 붙이고 로고를 새기
는 등 물품이 내부 물품임을 강조하고 있다.

_《서울신문》 2005. 12. 1

위의 사례들처럼 고객만족과 서비스의 중요성이 부각되면서 불량고객의 불량 행동 또한 증가하는 추세이며, 이에 따른 직접적인 손실액도 상당 수준을 넘어서고 있다. 그러나 실제 불량고객의 잘못된 행동에 의한 피해 범위는 단순한 금전적 손실을 훌쩍 뛰어넘어 더욱 광범위한 부분에 영향을 미치고 있다.

첫째, 불량고객의 잘못된 행동들은 기업과 대다수의 선량한 고객 모두에게 부정적인 영향을 미친다. 서비스 종업원에 대한 무례한 행동은 종업원에게 모욕감과 수치감 등의 심리적 스트레스를 주고 사기를 저하시키며, 더 나아가 서비스 일선에 있는 종업원들의 불만족을 촉발시켜 이직률 증가를 불러온다. 또 이렇게 되면 종업원 선발과 교육에 따른 비용 투자가 증가하면서 다른 우량 고객에게 제공하는 서비스 품질이 저하되는 등 여러 가지 악영향이 발생할 뿐 아니라, 불량고객에 의한 불필요한 노력과 비용 소모가 선량한 다른 고객에게 사용될 자원을 낭비시키기도 한다.

실제 보험회사의 경우 불법적인 방법으로 보험금을 타려는 불량고객들로 인해, 오히려 선량한 보험가입자의 보험료가 올라가거나 보험금 수령이 어려워지는 상황이 발생한다. 또 나쁜 습관은 한순간에 배우는 것처럼 불량고객들은 쉽게 나쁜 행동을 익히고 배우며, 이 같은 불량고객의 행동들이 다른 고객에게 빠르게 전이되기도 한다. 따라서 상습적이고 고의적인 불량고객은 반드시 퇴출시키려는 결단이 필요하다. 실제로 노드스트롬백화점, 페덱스, 사우스웨스트항공 같은 선진기업들은 정기적으로 불량고객을 퇴출시키고 있다.

불량고객, 어떻게 대처할까?

최근 불량고객에 대한 인식이 증폭되면서 "불량고객을 해고하라!"처럼 다소 극단적인 구호까지 등장하고 있다. 그러나 아무리 불량고객이라고 해도 퇴출만이 능사는 아니다. 불량고객도 그 형태나 원인이 다양한 만큼, 그에 따른 대처 방안도 달라야 한다는 뜻이다. 경우에 따라서는 불량고객에게 기회를 제공해 우량고객화하는 방안도 생각해 볼 수 있으며, 이별을 할 때도 그에 맞는 절차와 방법을 강구해야 한다. 그렇다면 불량고객을 줄이기 위한 방법들로는 어떤 것들이 있을까?

첫째, 신중하게 고객을 선별하라. 지속적 성장과 이윤의 극대화를 추구하는 기업이라면 좋은 직원을 선발하는 데 들이는 노력 못지않게 바람직한 고객을 선별하는 데에도 노력을 기울여야 한다. 불량고객들의 특성을 파악하는 한편, 신규 고객 유치시 이 같은 특성을 가진 고객을 새로운 고객으로 받아들이지 않는 것이 최선이다. 최근 금융회사들이 각자 데이터화된 고객의 신용정보를 공유해 고객 유치시 활용하는 것이 그 대표적인 예다.

둘째, 회사 내부의 규정이나 규칙을 다시 살펴보라. 불합리한 규칙에 근거해 선량한 고객을 불량고객으로 몰고 있지는 않은지, 고객에게 올바른 규정 전달이 되지 않아 고객에게 잘못된 행동을 유발하고 있지는 않은지 점검이 필요하다.

셋째, CRM 고객 정보 시스템을 활용한다. 어떤 고객이 불량고객인지, 그에 따른 대처 방안에는 어떤 것이 있는지, 정보를 기업의 모든 구성원이 공유함으로써 모든 고객을 의심의 눈길로 바라보게 될 위험을 피하고, 각 불량고객에게도 유형에 따라 최적화된 대응을 할 수 있다.

넷째, 선량한 고객을 불량고객으로 몰지 마라. 불량고객을 미리 발견하고 대처하는 것은 물론 현명하다. 그러나 대부분의 고객은 기업과 가치를 공유하는 소중한 자산이다. 따라서 선량한 고객들에게까지 불량고객처럼 대우받고 있다는 느낌을 주어서는 안 된다.

다섯째, 아름다운 이별을 하라. 예를 들어 상품과 고객의 부합도가 낮을 경우, 기업과 고객이 추구하는 가치가 다를 경우, 고객에게 적절한 다른 기업을 소개해 줌으로써 이별 고객의 불만을 최소화하고, 미래 적절한 시기에 다시 고객으로 유치할 때 드는 비용을 최소화할 수 있다.

헤어짐의 가치

기업 입장에서 볼 때 고객과의 관계를 청산하는 일은 결코 쉽지 않다. 사랑하던 남녀가 헤어지는 것만큼이나 고통스러울지도 모른다. 게다가 많은 기업들이 매출액이나 시장점유율 같은 표면적인 이유 때문에, 아무리 상대가 불량고객이라 해도 그 관계를 끝내지 못하고 있다. 그 결과 기업과 고객은 '불행한 결혼생활'을 계속하면서 서로 고통 받는다.

따라서 현명한 기업은 일정 고객이 기업의 역량과 자원을 고갈시키고 있지 않은지, 고객들의 가치를 지속적으로 모니터해야 한다. 다시 밀해 현대의 기업들은 고객과의 관계 유지가 가져다 주는 가치뿐 아니라, 때로는 헤어짐이 양쪽 모두에게 더욱 가치 있을 수도 있다는 것을 배워야 한다.

오래될수록 좋은 것들
술, 된장, 친구 그리고 고객

혜교와 주현이는 10년을 함께 한 오래 된 친구 사이. 적시 않은 시간을 함께 하다 보니, 이제 서로의 장점과 단점, 좋아하는 것과 싫어하는 것을 속속들이 알고 있다. 혜교와 주현이는 친구들에게 종종 이런 이야기를 듣곤 한다. "야, 그렇게 오래 붙어 다니면 지겹지 않니? 다른 친구랑 어울리고 싶은 생각 들지 않아?" 그러나 혜교와 주현이는 그런 이야기들을 들을 때마다 그저 마주보며 씩 웃을 뿐이다. 오래 된 친구들, 그들을 연결해 주는 단단한 끈은 과연 무엇일까?

Win인가, Lose인가

오늘도 많은 기업들이 미지의 고객을 찾아 나선다. 고객들이 자신들의 이름표를 달도록 만들기 위해 현란한 마케팅 활동을 펼치고 있다. 수많은 광고들을 통해 자신들이 얼마나 매력적인 제품과 서비스를 제공할 수 있는지를 끊임없이 보여주고, 신규 가입할인 같은 혜택을 제시하는 판촉 행사를 벌이는 등 가능한 수단과 방법을 모두 동원하고 있다. 그리고 같은 시간, 신규 고객 확보를 위해 동분서주하는 기업들 만큼이나 많은 기업들이, 그렇게 애써서 확보한 고객들을 모래알처럼 놓치고 있다.

분명 "고객은 왕"이다. 그러나 왕이라고 모두 같은 왕은 아니다. 오래된 왕보다는 새로운 왕이 더 중요하고, 오래 만나서 이젠 내 사람이다 싶은 이보다는, 새롭게 사귄 사람에게 더 신경이 쓰이고 관심이 간다. 어떻게 보면 당연지사다. 그러나 문제는 많은 기업들이 이것이야말로 진정한 고객가치를 추구하기 위한 적절한 노력이라고 생각한다는 점에 있다.

많은 기업들이 고객 한 사람당 이익에 대해 엉뚱한 두 가지 믿음을 가지고 있다. 그 중 하나는, 새 고객이나 옛 고객이나 똑같은 물건을 똑같은 가격으로 구입하니, 똑같은 가치를 가졌다고 믿는 것이다. 그리고 남은 하나는, 한두 번 우리의 제품과 서비스를 구매한 경험이 있는 고객은, 특히 오랫동안 거래를 해온 고객은, 앞으로도 계속 우리의 제품과 서비스를 이용하며 지속적으로 가치를 제공할 것이라는 믿음이다.

이런 엉뚱한 믿음이 같은 '왕'을, 아니 더 중요한 '왕'을 가볍게 생각하도록 만드는 실수를 낳는다. 그리고 이 같은 실수가 반복될수록 기업은 더 많은 실패를 기록하게 된다.

든든한 조력자, 장기 고객

인간관계는 오래 될수록 그 친밀함과 견고함이 두터워진다. 처음에는 그저 얼굴과 이름만 알던 두 사람이, 잦은 만남을 통해 친구가 되고 연인이 되고 또 부부가 되면서 그 친밀성과 견고성, 그리고 서로에 대한 가치도 증대된다. 마찬가지로 고객과 기업의 관계 역시 오랜 관계를 지속하다 보면 친밀함과 신뢰가 쌓이고, 이렇게 쌓인 신뢰는 그야말로 엄청난 고객 가치가 되어 기업에 견고한 사업 기반과 성장 잠재력을 마련해 주게 된다. 이 견고한 사업 기반이란, 기업에 돌아오는 다양한 형태의 효익(效益)을 말하는데, 그 중 가장 큰 효익은 바로 비용 절감과 이익 증가다.

신규 고객을 획득하려면 우선 광고비, 판촉비 등의 비용이 든다. 신용카드 회사를 예로 들면, 신규 고객을 유치하는 데 평균 5만 원의 비용이든다. 게다가 이 신규 고객은 첫해에 카드 사용량이 많지 않아 수익이 크지 않기 때문에 고객 1인당 이익은 고작해야 3만 원 정도다. 또 만약 이신규 고객이 1년 만에 이탈할 경우, 이 회사는 2만 원 정도의 손해를 보게 된다. 설상가상으로 대부분의 고객이 1년 만에 떠나간다고 칠 때, 이회사의 신규 고객 유치는 '밑 빠진 독에 물 붓기' 꼴이 될 수밖에 없다. 새로운 고객을 유치할 때마다 오히려 손실이 증가하는 아이러니한 상황에 맞닥뜨리는 것이다. 그러나 새어나가는 물을 막는 것, 즉 고객 이탈을 방지할 경우, 그러니까 고객들이 1년 만에 떠나지 않고 계속 거래를 지속하는 단골이 될 경우, 고객당 이익은 2년째 4만 2,000원, 3년째 4만 4,000원, 4년째에는 4만 9,000원, 5년째에는 결국 5만 5,000원이 된다. 시간이 지나면서 고객의 구매횟수와 구매량이 증가하게 되어 궁극적으로 이익이 증가하는 셈이다.

그런가 하면 비용 절감 측면에서도 장기적인 고객관계는 매우 중요하다. 처음 고객에 대한 정보 수집 및 데이터베이스를 구축하려면 상당한 비용이 들지만, 한번 제대로 해놓으면 이후는 쉽다. 문제가 생길 때마다 축적된 정보를 통해 효과적으로 응대하면 되기 때문이다. 즉 이 데이터베이스가 기업과 고객 모두에게 학습 효과를 발생시켜 비용이 감소하는 것이다. 예를 들어 재무문제를 상담해 주는 컨설팅 회사의 경우, 고객과의 관계를 기초로 사업을 하기 때문에 첫 해에는 상당한 비용이 지출된다. 그러나 둘째 해에 드는 비용은 첫 해의 3분의 2 수준에 불과하다. 왜냐하면 둘째 해에 들어서면 이미 고객과 기업 모두 상대에 대한 정보와 지식을 어느 정도 습득한 상태라 고객도 효율적으로 질문하고 컨설턴트도 꼭 필요한 정보만 제공하게 되어, 쓸데없는 시간과 비용을 줄일 수 있기 때문이다. 이렇게 줄어든 비용은 고스란히 기업의 이익으로 남는다.

이처럼 장기적인 고객관계가 가져다 주는 이익을 보면, 같은 제품과 서비스에 대해 모든 고객이 똑같은 이익을 제공한다는 믿음이 얼마나 잘못된 것인지를 분명히 알 수 있다. 또한 오래 된 고객들은 이처럼 비용·수익 같은 산술적 이익 외에도 눈에 보이지 않지만 매우 중요한 효익을 선사한다. 바로 긍정적 구전이다. 오랫동안 기업과 관계를 맺어온 충성 고객들은 여러 해에 걸쳐 자신이 애용한 해당 기업을 다른 사람에게 선전 하려는 경향이 강하며, 굳이 입을 열어 칭찬하지 않더라도 누군가가 꾸 준히 한 기업과만 거래를 한다는 건, 그 기업이 적어도 한 사람의 기준에 서는 신뢰할 만한 기업이라는 것을 간접적으로 보여주는 광고 효과를 낳 는다. 즉 오래된 고객을 통해 기업은 수익과 비용에서, 그리고 최선의 광 고인 구전에서, 더 큰 고객가치를 얻게 되는 셈이다.

오래 묵은 된장이 맛있다

고객 입장에서도 한 기업을 단골로 이용할 경우 이익이 많다. 꾸준히 한 회사를 이용할 때 회사로부터 더 높은 고객을 위한 가치를 얻기 때문 이다. 요즘 시대 고객들은 단순한 소비자가 아닌 한 사람의 생활자다. 따 라서 기업들도 고객의 삶의 질 향상에 큰 목적을 두고 있다. 따라서 고객 도 자신의 삶의 질 향상을 위해 만족스러운 서비스를 제공하는 기업을 계 속 이용하는 게 유리하다. 오랫동안 거래를 지속해 나를 잘 알고 내가 원 하는 바를 잘 파악하는 기업이 새 거래처보다 더욱 만족스러운 서비스를 제공할 가능성이 높기 때문이다.

실제로 많은 기업들이 단골고객을 위한 프로그램을 도입해 장기 고객 들에게 가시적인 혜택을 제공하고자 노력하고 있다. 예를 들어 항공사에 서 실시하고 있는 마일리지 프로그램, 신용카드사에서 실시하고 있는 포인트 혜택 등이 그것이다. 즉 빈번하게 이용 회사를 바꾸면서 겪게 되는 품질에 대한 위험이나 추가 비용 없이, 시간이 지나면서 더 좋은 서비스를 제공받고 그 기업으로부터 중요 고객으로 대우받을 수 있으니, 고객 입장에서는 매우 구미가 당기는 효익이 아닐 수 없다. 특히 법률·의료·교육 같은 전문적이고 많은 지식을 요하는 복잡한 서비스나, 관여도가 매우 높은 제품과 서비스, 또는 보험·건축처럼 거액의 투자가 필요한 서비스의 경우에도, 고객들은 믿을 수 있는 한 기업을 계속 이용함으로써 심리적 안정을 얻고, 제품과 서비스에 더욱 만족할 수 있으며, 이것이 곧 삶의 질 향상으로 이어진다.

이렇듯 장기적인 고객관계는 기업과 고객 모두에게 더 큰 가치를 제공하는 윈윈 게임이다. 그러나 이 윈윈 게임을 진행할 때 기업이 절대 잊지 말아야 할 것이 있다. 바로 아무것도 해주지 않았는데 영원히 내 고객으로 남아 있을 사람은 아무도 없다는 점이다. 장기적인 관계는 고객에게도 이익이 되지만, 대다수 고객들은 그 장기적인 관계보다 더 큰 가치를 제공해 줄 수 있는 다른 대상이 나타나면 여지없이 고개를 돌린다. 오래 되었다는 것 하나만으로 모든 경쟁에서 이길 수 있다는 생각은 오만한 착각이며, 고객은 이러한 착각에 냉정하게 등을 돌리는 것으로 보답할 것이다. 즉 이 때문에 잘 해오던 윈윈 게임이 순식간에 루즈(Lose) 게임으로 변할 수 있다.

고객가치 업그레이드
크로스/업 셀링

지인들의 모임에서 우연히 만나게 된 우성과 지현. 두 사람은 서로에게 호감을 갖고 곧 연인관계로 발전하게 되었다. 우성은 지현과 함께 스키 동호회에도 가입하고, 자주 나가는 모임 친구들과 동생에게 지현을 소개했다. 연인관계뿐 아니라 같은 모임의 회원으로서 우성과 더 많은 인간관계를 공유하게 된 지현은 "우성이와 함께 알게 된 사람만도 벌써 이 만큼이나 되네. 그냥 우성이하고만 알고 지낼 때보다 주변 사람들까지 알게 되니까 우리 관계도 더 끈끈해진 것 같아." 라는 생각을 하게 되었다.

한동안 '애인' 이라는 이름으로 좋은 관계를 유지해 온 두 사람. 그렇게 1년 이상을 사귀고 난 어느 날, 우성이 지현에게 말한다. "애인으로서 나 괜찮은 사람이었지? 그럼 이제 나를 부모님께 소개시킬 수 있는 '사윗감'으로 업그레이드해

보는 건 어떨까?" 그 동안 몸소 느낀 우성의 장점들을 생각하고 있던 지현은 수줍게 고개를 끄덕였다. "그래, 좋아. 업그레이드 한번 해보자."

하나보다 둘, 둘보다는 셋

살다 보면 어떤 사람과 하나 이상의 관계를 맺게 되는 경우가 종종 생긴다. 그리고 그런 사람에게는, 하나의 관계로 맺어진 사람에게 더욱 끈끈한 유대감을 가지게 되어 관계 역시 쉽게 깨지지 않고 장기적으로 유지된다. 대학 동창이자 회사 동기이면서 같은 동호회 회원이기까지 한 친구, 그저 대학 동창이기만 한 친구, 이 두 관계를 생각해 보자. 아마도 공유하고 있는 인간관계가 많아 다양한 끈으로 이어진 친구가, 하나의 끈으로만 연결된 친구해 비해 돈독하게 느껴지고, 따라서 관계를 끊는 것역시 훨씬 어렵다는 것을 느끼게 된다.

기업과 고객과의 관계도 다르지 않다. 기업의 제품이나 서비스 중에하나만 이용하는 고객보다는, 여러 제품이나 서비스를 두루 이용하는 고객이 매출이나 수익 측면에서 더 높은 가치를 가질 뿐만 아니라, 다른 고객에 비해 기업에 대한 충성도도 높다. 따라서 기업은 재무제표상에 드러난 고객의 가치와 드러나지 않는 고객의 가치 모두를 위해, 고객이 기업과 돈독한 관계를 맺도록 유도해야 한다. 바로 이때 기업이 이용할 수있는 방법 중 하나가 바로 교차판매, 즉 크로스셀링(Cross-Selling)이다.

크로스셀링은 기업의 제품과 서비스 중 하나를 구매한 고객에게 그 기업이 제공하는 다른 제품이나 서비스를 추가로 판매하는 전략을 말한다. 여러 상품 라인을 보유해 고객에게 다양한 제품과 서비스를 제공하는 회사의 경우, 이러한 크로스셀링의 중요성을 잘 인식하고 있다고 하겠다. 또 그렇지 않은 기업이라 할지라도 각종 제휴 프로그램이나 협력 관계를 통해 마케팅 활동의 효율성을 높일 수 있다.

실제로 현재 크로스셀링은 고객의 가치와 마케팅 효율성 향상 차원에서 매우 중요한 전략으로 인식되고 있으며, 실제로 많은 기업들이 이를 바탕으로 한 마케팅을 다양한 형태로 활발하게 전개하고 있다. 예를 들면 동네 슈퍼마켓에서 채소를 구입한 사람에게 "오늘 동태 물이 좋으니 동태도 사 가셔서 찌게 끓여드세요."라며 동태의 구입을 권유하는 활동부터, TV 구매 고객에게 홈시어터 상품을 추천하는 마케팅 활동에 이르기 까지, 일상에서 쉽게 접할 수 있는 많은 마케팅 활동 모두가 크로스셀링의 일부다.

특히 금융업은 크로스셀링이 활발하게 이루어지고 있는 대표적인 산업이다. 예를 들어 주택마련 예금계좌를 개설한 고객에게 은행 신용카드 가입을 권유하거나, 보험사와 연계한 방카슈랑스를 통해 보험상품을 판매하거나, 투자신탁회사의 적립식 펀드를 추천하는 확장된 크로스셀링까지, 금융권의 크로스셀링은 종류도 내용도 굉장히 다양하다.

크로스셀링은 판매와 생산의 증가를 가져오고, 또 그 판매 증가를 통해 규모의 경제와 범위의 경제 효과가 발생함으로써, 결과적으로 대량생산을 통한 생산단가의 감소와 비슷한 효익을 가져온다. 그런가 하면 고객이 이 크로스셀링을 통해 여러 상품이나 서비스를 구입하면, 이것이 기업에만 이익이 되는 것은 아니다. 크로스셀링의 성공은 또 한편으로 장기적인 고객관계의 근간이 되기 때문이다. 즉 기업이 고객들에게 미저 생각시 못했던 서비스나 상품을 추천해 줌으로써 고객을 위한 가치를 증대시키고 고객의 삶의 질을 높여주는 등 여러 가지 부수적 효익을 가져온다는 점에서 그 중요성을 몇 번 강조해도 지나침이 없을 것이다.

하지만 그 중요성으로 인해 크로스셀링이 지나치게 강조되고, 또 이것이 마케팅의 일반으로 자리잡으면서 문제점 또한 생겨나고 있다. 많은 기업들이 고객에게 여러 제품이나 서비스를 마구잡이로 추천하면서, 이를 크로스셀링이라고 착각하는 경우가 많아진 것이다. 그러나 고객들은 이런 마구잡이식 크로스셀링을 부담스러워하거나 불쾌한 스팸 정보로 생각한다.

통신사의 경우, 많은 상담원들이 고객들의 통화 패턴을 분석해 적절한 요금제를 제공하는 프로모션 전화를 실시한다. 그런데 정작 내용은 몇 주 전에 해제한 요금제를 다시 권유하거나 평소 자주 사용하지 않는 데이터 통신요금 가입을 유도하는 식이다. 이럴 때 고객 입장에서는 과연 이 기업이 나의 서비스 이용 패턴을 제대로 알고는 있는지 의구심을 갖게 되고, 이런 불쾌감이 기업이나 브랜드에 대한 전반적인 불만으로 이어진다. 즉 마구잡이식 제품 추천, 무지한 적극성은 고객들의 가치 상승의 기회를 오히려 가로막을 수 있다는 것을 결코 간과해서는 안 된다. 다시 말해 크로스셀링의 기회를 성공적으로 이끌어내려면 집중화되고 통합된 고객 정보가 절대적으로 필요하며, 고객과 접촉하는 순간 순간마다 기회를 포착하려는 꾸준한 노력이 필요하다.

한 계단 더 올라서기

업셀링(Up-Selling)은 상향 판매, 즉 특정한 상품 범주 내에서 고객의 상품구매액을 늘리기 위해 고객으로 하여금 더욱 업그레이드된 상품을 구매하도록 유도하는 판매 활동이다. 예를 들어 기존의 통돌이 세탁기를 사용하는 소비자에게 드럼 세탁기를 권유하거나, 기존 브라운관 TV를 보유한 고객에게 LCD나 벽걸이형 TV를 권유하는 판매 활동 등을 업셀링으로 간주할 수 있다.

업셀링을 실행할 때는 주의해야 할 점이 하나 있다. 다름 아닌 제품을 구매하는 고객의 라이프사이클과 고객이 자사의 고객으로 존재하는 동안 기업에 제공하게 될 고객가치 총합인 생애가치를 염두에 두어야 한다는 점이다.

먼저 고객의 라이프사이클의 주기에 발맞추는 업셀링 마케팅 기법의 원형은, 혼다(Honda)의 마케팅 전략에서 찾아볼 수 있다. 혼다자동차는 자동차 판매를 고객의 라이프사이클과 결합시켜 관계 기간을 연장하고 더욱 업그레이드된 자동차를 판매함으로써 궁극적으로 고객의 생애가치를 향상시키고자 했다.

예를 들어 미혼의 고객에게는 그에 적합한 소형차를 권유하면서 고객과의 관계를 시작하고, 이 고객이 결혼하여 가정을 꾸리면 이에 적합한 중형차 어코드를 홍보하거나 소개했다. 또한 자녀들이 늘고 가족의 관심사가 레저 중심으로 변할 시점에는 SUV나 RV차량의 안내 책자를 보내는 등, 고객의 라이프사이클 전반에 기업이 관계할 여지를 마련하는 탁월한 업셀링 마케팅을 펼쳤다.

또 많은 신용카드 회사들도 업셀링 목적으로 일반 카드회원들에게 등급 높은 골드카드를, 또는 골드카드 회원에게는 더 비싼 연회비가 청구되는 플래티넘카드를 제공한다. 이것은 추가적인 혜택을 위해서라면 기꺼이 지갑을 여는 회원들을 선정해 구매액이나 카드 사용액을 늘리도록 유도하는 대표적인 마케팅 프로그램이다. 이외에도 신용카드 회사들은 무이자 할부나 각종 이벤트, 경품 등과 같은 다양한 판매 촉진 행사들을 제공함으로써, 고객들의 카드 이용 심리를 자극하여 거래당 이용액 혹은 고객당 이용액을 극대화하는 업셀링 활동을 활발하게 펼치고 있다.

이 밖에도 많은 업계들이 업셀링에 큰 비중을 두고 있다. 통신회사의 경우 더 많은 무료통화 등 혜택을 강조하면서 기본 요금이 비싼 요금제를 추천한다. 미용실에서는 염색을 하는 고객들에게 머릿결 보호를 강조하며 비싼 염색약을 권유하는 등 다양한 활동들이 끊임없이 이루어지고 있다. 그러나 크로스셀링에서와 마찬가지로 무조건적인 업셀링 유도는 기업에 대한 고객의 반감이나 불쾌감을 증가시킬 수 있다는 점을 잊지 말아야 하며, 어떤 순간이 가장 적절한 기회인지 포착하는 눈을 기르는 것이 급선무라 하겠다.

기회의 포착

그렇다면 크로스셀링·업셀링을 위한 최적의 순간은 어떻게 알 수 있을까? 또 그 기회를 놓치지 않기 위해서는 무엇에 주의를 기울여야 할까? 다음에서 제시하는 네 가지 원칙들을 통해 그 답을 찾아보자.

첫째, 고객 정보를 모아라.

고객의 정보는 곧 돈이다. 고객이 무슨 상품을 언제 구입했고, A/S 상황 및 고객의 구매 성향, 교체 주기 등은 어떤지 정보를 파악하는 일은 효과적인 크로스셀링·업셀링의 기본이 된다. 이런 정보들을 바탕으로 고객의 상황을 잘 분석하면, 가장 적절한 시기에 고객에게 맞는 제품과 서비스를 소개함으로써 구매를 유도할 수 있다. 고객 또한 자신을 잘 알고 알맞은 제품과 서비스를 소개하는 거래 기업에 신뢰를 갖게 될 것이다.

둘째, 제품 정보를 제공하라.

점포 방문 외에도 이메일·카탈로그 등을 통해 제품에 대한 정보를 꾸준히 제공해야 한다. 파악한 정보를 바탕으로 고객이 특히 관심을 가지는 상품에 대한 상세 정보를 제공하는 것이 좋다. 이때 할인쿠폰 및 회원가 판매 등의 판촉으로, 고객의 적극적인 구매를 유도하는 방식이 매우 유용하다.

셋째, 제품 정보를 완벽히 파악하라.

판매원은 제품과 서비스에 대한 모든 정보를 정확히 숙지해야 한다. 즉 고객이 기업과 접촉해 제품과 서비스에 대한 정보를 요구할 때 이에 능숙하게 답할 수 있어야 하며 관련된 다른 제품이나, 좀더 적은 비용으로도 더 많은 혜택과 기능을 즐길 수 있는 타 제품을 소개하는 등 물 흐르듯 구매를 유도할 수 있어야 한다. 물론 이것은 어디까지나 고객이 거부감을 느끼지 않는 선에서 자연스럽게 이루어져야 한다.

넷째, 고객에게 최적의 가치를 제공하라.

고객들은 제품을 구입하기 전에 기본적으로 어느 정도 구매 제품에 대해 결정을 내리게 된다. 그러나 앞서 말했듯이 다소 추가 비용이 들더라도 다른 중요한 제품이나 더 좋은 제품이 있다면 그 제품을 소개하고 구매 의향을 물어보는 것이 좋다. 그러나 무엇보다 중요한 것은 그 고객의 직업·소비 성향·취향·상황 등에 대한 포괄적인 정보를 바탕으로 적합한 제품을 소개하고 구매를 추천하여 최적의 가치를 제공하려는 고객지향적인 태도다. 다시 말해 고객의 가치를 높이려면 우선 '가장 높은 고객의 가치'는 '가장 높은 고객을 위한 가치 제공'에서부터 시작된다는 점을 명심하자.

이 사람과 평생을 같이할 수 있을까?
고객생애가치

여기 결혼 적령기에 들어선 30대 초반의 남자 둘을 비교해 보기로 한다.

〈남자 1〉

훤칠한 키에 수려한 외모로 어디를 가나 여자들의 호감을 얻는 그는 자신의 외모
가 뛰어나다는 것을 너무나 잘 알고 있다. 그래서인지 그의 연애 기간은 1년을 넘
기지 못한다. 지금까지 만난 여자만 해도 여럿이고, 휴대전화에 저장된 전화번호만
도 수십 개다. 그러나 요즘 그는 막상 결혼할 여자가 없다고 하소연이다. 주위 친
구들은 결혼도 하고, 심지어 아이까지 낳아 알콩달콩 살고 있는데……. 이제는 외
모만 가지고 여자를 만날 나이도 지났고……. 시간이 지날수록 한숨만 늘어간다.

〈남자 2〉

수려한 외모보다는 따뜻한 가슴을 가진 이 남자. 인기는커녕 이성의 관심을 끌기에도 부족하지만, 그래도 그는 오직 자기만을 바라보는 애인이 있다. 저지 않은 나이에 만난 터라 평생을 함께 해도 좋을지 충분히 고민해 본 후 만남을 시작했다. 지금 만나는 여자친구는 비록 이 순간은 애인에 불과하지만, 결혼을 하게 되면 그의 아내이자, 부모님에게는 며느리, 시간이 흐르면 아이의 엄마가 될 것이다. 그 후로 시간이 흐르면 손자, 손녀의 할머니가 될 단 한 명의 소중한 사람이다. 그는 만남을 시작한 초기부터 일생에 대한 그녀의 가치를 마음속으로 생각하고 그녀에게 충실했으며, 이제 결혼을 한 달 앞두고 있다.

남자 1과 남자 2를 기업에 적용해 보자. 기업들은 일반적으로 고객의 눈을 휘둥그레 놀라게 할 만한 제품과 서비스를 제공할 때, 그 고객과 장기적인 관계를 지속할 수 있을 것이라고 생각한다. 그러나 남자 1처럼 여자친구를 단지 여자친구로만 생각하는 기업은 장기적으로 성장할 수 없다. 반면, 남자 2처럼 고객을 잠재적인 배우자로 여기고 가치를 높여 생각하며 늘 정성을 기울이는 기업은 고객과 지속적인 관계를 유지할 수 있다. 또한 고객 스스로도 가치 있는 존재가 되기 위해 노력을 쏟게 된다.

고객생애가치란?

볼티모어 지역의 도미노피자 체인 중에 가장 성공했다고 평가받는 한 매장의 성공 비결을 살펴보자. 이 매장에서는 단골고객 한 명의 평생가치를 약 4,000달러로 계산했다. 이는 평균 10년 동안 연간 8달러짜리 피자를 50개 주문하는 고객을 단골로 산출한 수치다. 이 매장의 주인인 필 브레슬러는 종업원들에게 "당신들은 지금 8달러짜리 고객이 아니라 4,000달러짜리 고객에게 피자를 배달하고 있다"고 강조했다. 그리고 이러한 고객가치 마인드는 고객으로 하여금 피자가 약속 시간에 배달되었는지 판단하게 하고, 정성스레 피자를 만들어 배달한 최고의 종업원을 직접 선정하도록 하는 정책으로 이어졌다. 이로 인해 고객들의 만족도와 충성도를 현격히 높일 수 있었다. 만약 이 매장이 남자 1처럼 고객가치를 현재의 가치인 8달러로 계산했다면, 이렇게 큰 성공을 거두지 못했을 것이다.

아주 간단한 사례지만, 이것은 고객을 현재 가치로 대우하는 대신 그 고객이 미래에 기여할 잠재적 가치까지 고려하라는 고객생애가치(customer lifetime value) 개념을 단적으로 설명해 준다. 그렇다면 오히려 너무 쉬운가? 모든 고객을 8달러짜리가 아닌, 4,000달러짜리 고객으로 대우하면 된다는 뜻일까?

그러나 고객생애가치란 '무조건 고객을 우대하라'는 의미는 아니다.

고객생애가치를 정의해 보면 한 고객이 특정 기업의 고객으로 존재하는 전체 기간 동안 창출하는 총이익의 순수현재가치(net present value)다. 즉 고객이 기업과의 관계를 지속해 나가면서 지금껏 기여해 왔고 앞으로 기여할 수 있는 가치를 의미하는 것으로, 기업 입장에서 본 고객가치는 고객에 따라 각각 다르다.

고객생애가치는 일반적으로 아래의 공식처럼 고객과 기업이 관계를 맺는 동안 고객이 창출하는 수익, 고객에게 투입된 비용, 할인율 등 3개 요인으로 구성된다. 아래 공식의 분자를 통틀어 '고객의 기여도'라고 부르는데, 이는 '고객의 수익'과 그 '고객으로 인해 발생될 수 있는 수익'까지를 포괄하는 개념이다. 즉 '고객의 수익'은 특정 시점에 특정 고객으로부터 기업이 획득한 수익을 의미하며, '고객으로부터 발생할 수 있는 수익'은 그 고객이 구전이나 추천을 통해 기업에 기여하는 수익을 의미한다. 아직까지는 측정상의 이유로 업계나 학계에서는 고객이 창출하는 수익만을 수익으로 인정하는 경향이 있지만, 사실은 '고객으로 인해 발생할 수 있는 수익'까지 포함해야 진정한 의미의 고객생애가치를 산출할 수 있다.

$$CLV = \sum_{t=1}^{n} (\text{고객 } i \text{가 창출하는 수익} - \text{고객 } i \text{에 대한 비용}) / (1+\text{할인율})^{t-1}$$

- 고객 i가 창출하는 수익 : 고객의 수익 + 그 고객으로 인해 발생할 수 있는 수익
- 고객 i에 대한 비용 : 특정 시점에 특정 고객 i에게 투입된 비용
- 할인율 : 마케팅 투자를 현재의 가치로 환산하기 위하여 적용하는 비율

기업에 기여하는 가치는 개인마다 다르기 때문에, 고객생애가치는 고객별로 상이하다. 그러나 다음 페이지에 제시한 그림의 고객라이프사이클에서도 알 수 있듯이 최초 구매자로서 고객의 가치는 미미하지만, 그 고객이 반복 구매를 통해 지속적인 관계를 맺는 핵심 고객이 되면 그 가치도 급상승하게 된다. 따라서 고객의 가치를 높이기 위해서는 고객과의

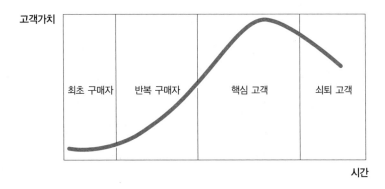

장기적인 관계 구축이 반드시 필요하다.

고객생애가치가 중요한 이유

그렇다면 고객생애가치가 중요한 이유는 무엇일까?

예나 지금이나 변하지 않는 기업의 최대 목표는 바로 수익이다. 지금까지는 기업의 성과를 측정하기 위해 시장점유율이나 매출액 등의 지표를 사용해 왔으며, 이를 높이기 위해 계속해서 신규 고객 확보에 많은 비용을 투자할 수밖에 없었다. 그러나 이러한 투자 비용을 회수하기 위해서는 그야말로 상당한 시간이 필요했으며, 고객이 일찍 이탈할 경우에는 아예 그 비용조차 회수하지 못하는 상황도 발생했다. 따라서 기업은 수익성 있는 고객(profitable customer)을 선별해 내고, 이들에게 집중하는 정책을 도입했는데, 이때 고객의 가치를 측정하기 위해 사용된 대표적인 방법이 바로 고객생애가치다.

일반적으로 신규 고객을 개척하는 데 드는 비용은 기존 고객을 유지하는 비용의 5배로 알려져 있다. 따라서 구매 비율은 높아지고 서비스 비용은 낮아지는 등 장기 고객의 수익률이 높아지고 있는 만큼, 기업의 입장에서는 단일고객에게 장기간에 걸쳐 상품 및 관련 상품 판매를 극대화함으로써 고객의 생애가치를 극대화하는 것이 현명하다.

고객생애가치, 이렇게 활용하자!

기업이 진정으로 원하는 고객은 누굴까?

미래 가치까지 고려했을 때, 기업의 수익에 기여하는 바가 많고, 기업이 제공하는 제품이나 서비스의 가치를 누구보다 잘 알고 인정해 주는 고객, 바로 기업들의 로망일 것이다. 그렇다면 이들의 고객생애가치를 활용하여 기업의 가치를 높이는 방법을 살펴보자.

첫째, 우량고객은 제대로 대우해야 한다. 즉 생애가치가 높은 고객에게 더 나은 서비스를 제공해야 한다는 뜻이다. 미국의 증권사 찰스슈왑의 경우 우수고객의 전화는 15초 내에 응답하도록 하고 있다. 반면, 일반 고객들의 경우 원하는 답변을 얻으려면 최대 10분 정도가 걸린다. 이 같은 서비스 차별화는 일부 고객들에게는 반발을 살지 모르지만, 그 정당성을 잘 알려낸다면 고객들도 '지불한 것만큼 받는다(You get what you pay for'의 의미를 수용할 것이다. 예를 들어 죽마고우와 안면만 아는 사람이 있다. 이때 죽마고우를 면식만 있는 사람과 동등하게 대한다면 죽마고우 입장에서 서운함을 느낄 수밖에 없지 않겠는가?

둘째, 자원의 제약상 수익성이 낮은 고객은 과감히 버릴줄 알아야 한다. 앞에서 언급한 것처럼 매출성장률과 시장점유율은 더 이상 100% 정확한 성공 기준이 아니다. 미국의 일부 보험회사들의 경우, 플로리다를 강타한 수많은 자연재해 후에야 재해 발생 가능성이 높은 지역에서 너무 많은 고객을 확보하는 '실수'를 저질렀음을 뒤늦게 깨달았다. 단지 외형적인 성장에만 주력한 탓에 시장점유율은 높아졌는데, 수익은 저하되는 기현상이 발생한 것이다. 다시 말해 성과를 높이려면 수익성 낮은 고객을 수익성 높은 고객으로 변화시키는 것이 바람직하지만 그러지 못할 경우에는 과감하게 그 고객층을 버릴줄도 아는 결단이 필요하다. 기업은 모든 고객과 장기적인 관계를 맺을 수는 없다. 충성도가 높은 고객 한 명을 놓치는 것도 비극이지만, 기업에 아무 수익도 주지 못하는 고객과 평생을 함께 하는 것은 더 큰 비극이 아닐까.

셋째, 고객생애가치는 고객을 세분화하는 새로운 방법을 제공한다. 정보기술의 발달로 기업은 고객의 인구통계학적 정보, 선호도, 고객의 수익성 등 예전에는 미처 예상하지 못한 정보를 수집할 수 있게 되었다. 뮤추얼 펀드 업체인 피델리티(Fidelity)는 고객을 수익성에 근거해 세분화하고, 이러한 정보를 활용해 다양한 세그먼트 별 맞춤 혜택을 제공하고 있다. 그리고 이렇게 고객들을 분류하여 집단별로 마케팅 활동에 투자를 달리한 전략은, 모든 고객에게 무차별적인 투자를 하는 전략과 성과 자체가 확연히 달랐다. 지금까지 기업들이 얼마나 잘못된 길을 가고 있었는지 바로 여기서 확인된다.

넷째, 고객들의 생애가치를 키우려는 노력을 해야 한다. 고객생애가치를 산출하여 고객을 세분화하고 마케팅 자원을 할당하는 것도 중요하지만, 단순히 이 고객생애가치를 산출하고 활용하는 데만 치중해서는 안 된다. 고객생애가치는 한 번의 산출로 끝나는 것이 아니라 교차판매나 상향판매를 통해 지속적으로 높아진다. 따라서 이를 통해 가치 있는 고객의 비율을 점차 증대시켜야 한다. 단순한 다수 고객보다는 가치 있는 고객을 많이 확보하는 기업이야말로 진정한 가치를 지닌 기업이기 때문이다.

네 시작은 미약하였으나 네 나중은 심히 창대하리라.
_〈욥기〉 8장 7절

고객생애가치는 비즈니스를 생각하고 수행하는 데 수치 이상의 의미를 갖는다. 기업들로 하여금 단순히 성과를 측정하고 의사결정을 내렸던 전통적인 방법의 오류에서 벗어나, 이제는 장기적 안목을 가져야 한다는 각성을 일깨워주기 때문이다. 비록 지금은 그저 미미한 기여를 하는 고객일지라도, 향후 30년, 50년, 기업과 관계를 맺게 된다면 그가 가져다주는 가치를 무시할 수 없다.

지금 1만 원의 수익을 가져다 주는 고객이 있다고 치자. 만일 이 고객이 향후 50년 동안 우리 제품을 사랑해 줄 사람이라면, 한 달에 1만 원씩만 기여해도 50년이면 600만 원이다. 즉 이 고객은 1만 원짜리 고객이 아닌 600만 원짜리 고객인 셈이다.

그러나 또 하나 여기에서 주의할 점은, 미래 가치에만 치중한 나머지 현재 가치가 높은 고객에게 소홀해서는 안 된다는 점이다. 가령, 이미 암보험을 비롯한 각종 건강보험, 생명보험, 연금보험 등에 가입해서 더 이상은 가입할 보험이 없는 고객이 있다고 하자. 현재 가치가 높은 이 고객이 향후 보험사에 가져다 줄 수 있는 수익은 점차 줄게 될 것이다. 그렇다면, 이 고객은 앞으로 보험사에 기여할 잠재 가치가 낮으니 소홀히 대해도 되는 것일까?

고객생애가치는 현재 가치를 무시하라는 의미가 아니다. 다만 현재 가치뿐 아니라 기업이 간과하기 쉬운 미래의 잠재적 가치까지 고려하여 더 많은 고객가치를 확보하라는 뜻임을 유념해야 한다.

Part. 3

고객에 **의한** 가치

VALUE BY
CUSTOMERS

첫 번째 이야기 – 관계 맺기

· 고객의 입을 빌어 더 해지는 가치

두 번째 이야기 – 관계관리 및 결별

· 고객만족의 또 다른 이름
· 직원은 기업의 대표선수!
· 이제는 고객 참여의 시대

세 번째 이야기 – 관계 강화

· 나 잡아봐라 ! 가치의 공동 창조자(co-creator)
· 나눌수록 커지는 신기한 공식
· 고객의 진심이 기업을 향할 때
· 가치 방정식 3. 고객에 의한 가치 창조 방정식

고객의 입을 빌어 더해지는 가치
넷전 network + 구전

여자친구 다희에게 디지털 카메라를 선물하기로 마음먹은 일국은 수많은 브랜드와 모델 중에 어떤 걸 골라야 할지 막막하기만 하다. 광고에 나오는 말을 모두 믿을 수 없는 노릇이라 친구 중에 IT 제품을 잘 아는 동건의 의견을 구했다. 동건 왈, ○○ 브랜드는 화질이 좋고 ○○ 브랜드는 여러 가지 포토샵 기능이 다양해서 좋단다. 그래서 같은 가격대면 ○○ 브랜드가 좋지 않을까 권한다. 그리고 ○○○ 사이트에 들어가면 주요 브랜드별 장단점과 사용 후기 등이 있으니 한 번 더 확인해 보고 궁금한 게 있으면 질문을 올리라고 한다. 자타가 공인하는 아마추어 전문가들이 나타나 상세한 대답을 해준다는 것이다.

"아, 이런 훌륭한 정보를 ~!" 결국 일국은 동건에게 맛난 점심 한 끼를 산 뒤 인터넷 검색을 시작했다.

소비자의 수요가 다양화·개성화되면서 대중 시장(mass market)의 의미 또한 감소하고 있다. 그 결과 대중을 대상으로 하는 대중매체(TV, 신문)의 영향력 역시 감소 일로에 들어섰는데, 일례로 소비자들은 어떤 정보를 획득할 때 TV 광고보다는 이미 그 제품을 써본 믿을 만한 주변 친구들에게 의존한다. 이는 한 사람이 다른 사람에게 말로써 전달하는 구전(word of mouth)에 의존한다는 뜻이다. 특히 영화·음식점·미용실 같은 서비스 상품의 경우, 직접 경험한 고객의 구전이 더욱더 빛을 발한다.

넷전(network + 구전)

인터넷의 등장으로 오늘날의 구전은 전통적인 구전과는 형태 및 특성이 상당히 다르다. 예전의 가족이나 친지 관계 등처럼 좁은 범위에서 오피니언 리더를 중심으로 일어나던 구전으로는 현재 인터넷상에서 일어나는 구전을 설명할 수 없다는 뜻이다.

오프라인 대비 인터넷에 존재하는 구전을 온라인 구전이라고 하는데, 구체적으로 보면 인터넷을 통해 소비자 간에 발생하는 제품 정보나 사용기·추천 및 조언 등의 정보교환이 여기에 해당된다. 이는 기존 오프라인 구전(Word of Mouth)에 대비해 넷전(net傳, Word of Mouse) 또는 전자적 구전(e-WOM) 등으로 지칭되기도 한다(이하 넷전으로 지칭).

기존의 구전이 정보 제공자와 정보 수신자를 전제로 한 일방적이고 수동적인 커뮤니케이션이었다면, 넷전은 자발적인 소비자 간 상호작용적 커뮤니케이션 형태다. 또한 몇몇 친한 친구나 동료를 대면하는 것을 넘어, 낯선 사람과의 정보교환이 가능하고, 방대한 정보량, 빠른 파급력과 넓은 전달 범위 등의 특징을 가진다. 지금 이 순간에도 넷전을 통한 기업·제품·브랜드의 가치 창조는 이미 진행되고 있다.

예를 들어, 디지털 카메라를 사려는 고객이 있다. 그는 가장 먼저 어디에서 정보 탐색을 시작할까? 오프라인 매장을 방문할 수도 있고 가까운 친구에게 물어볼 수도 있겠지만, 손쉽게 그리고 방대한 정보를 얻을 수 있는 디지털카메라 전문사이트(예: 디씨인사이드)를 방문할 가능성이 높다. 이 사이트의 토론방, 사용 게시판, 포럼 등에 들어가면 제품의 가격 정보에서부터 사용 후기, 그리고 전문 지식을 가진 고객들의 제품 평가까지 자세하게 나와 있다. 이곳을 방문한 고객은 단순한 정보 획득에서부터 의사결정에 필요한 중요 정보까지 한꺼번에 얻을 수 있고, 이 정보들은 고객에서 고객으로 점차 퍼져나가 제품 평가 및 사용 행태·제품 태도·구입 등에 막강한 영향력을 행사한다.

어느 날부터 인터넷에서 고등학교 학원 강의가 실시되기 시작했다. 이후 다양한 사이트와 강사들 중에서 어떤 사이트와 강사를 선택할지가 수강생과 학부모들의 고민으로 자리잡았다. 오프라인상에서는 이에 대한 정보 전달을 학부모 구전이 담당했다. 그리고 인터넷에서는 '오르비스 옵티무스'라는 사이트가 구전의 중심지로 떠올랐다. 이 사이트는 전국의 상위권 학생과 상위권 진입을 희망하는 학생을 대상으로 하는 사이트로, 인터넷 강의에 대한 평가가 오르내리면서 강의 선택의 기준으로 자리잡았고, 가입자들이 대학 입시를 위한 각종 정보를 주고받게 되면서 입시와 관련된 정보 구전의 장으로 떠올랐다.

대학 입시, 인터넷 입시 강의에 대한 넷전의 중심 _오르비스 옵티무스

이처럼 인터넷을 통한 정보 탐색 그리고 구매에서, 다른 고객이 작성한 제품 평가 및 사용 후기 등은 유용하고 중요한 판단 기준이 되는데, 이를 단적으로 설명한 용어가 바로 트윈 슈머(twinsumer)다. 트윈 슈머는 트윈(Twin)과 컨슈머(Consumer)의 합성어로, 다른 사람의 사용 후기를 참조해 상품을 구입하는 소비자를 일컫는다. 즉 쌍둥이처럼 동일한 기호 · 성향 등을 가진 양측의 교류를 뜻하는 것으로, 이는 고객들이 기업의 일방적인 홍보나 광고 대신, 같은 구매자들끼리의 상품평과 댓글을 더 신뢰하기 때문에 일어나는 현상이다. 따라서 이제 기업들도 넷전을 기업 · 제품 · 브랜드 관리에 효과적으로 연결시키는 전략을 마련하는 데 몰두하고 있다.

스니저(Sneezers)

마케팅 관점에서 볼 때 소비자들의 자발적인 참여와 급속한 파급 속도로 특징이 규명되는 넷션은 버스 마케팅 또는 비이리스 마케팅이 한 기법으로도 소개되고 있다. 버즈 마케팅이란 벌이나 기계 등에서 나는 웅웅거리는 소리를 뜻하는 '버즈'라는 단어를 응용해, 소비자가 특정 제품이나 서비스에 열광해 일종의 신드롬이 탄생되는 과정을 적용한 마케팅이다.

이러한 버즈 마케팅은 대중매체를 통해 불특정 다수에게 무차별적으로 전해지는 기존 마케팅과는 달리, 상품을 이용해 본 소비자가 주위 사람들에게 직접 그 유용성을 전파하도록 유도하기 때문에 광고비가 거의 들지 않을 뿐 아니라, 기하급수적인 파급 효과까지 노릴 수 있는 장점을 갖추고 있다.

인터넷 블로그를 통해 맛집에 대한 입소문을 퍼뜨리는 스니저 _ '건다운'의 블로그

이와 유사한 바이러스 마케팅은 네티즌들이 전파가 쉬운 이메일 등의 매체를 통해 자발적으로 제품을 홍보하는 형태, 또는 전달자들이 주위에 입소문을 퍼뜨리면서 홍보가 소용돌이처럼 스스로 알아서 퍼져나가는 마케팅을 말한다.

스니저라는 단어는 본래 '재채기하는 사람'을 뜻하지만, 마케팅 분야에서는 재채기처럼 새로운 것을 발견하면 주변 사람들에게 퍼뜨리지 않고는 못 견디는 이들을 뜻한다. 이 부류의 사람들은 자신이 전문성을 가진 분야에서 새로운 제품이나 서비스가 나오면 동료나 친구 혹은 자신의 추종자들에게 정보를 대량 제공하는 일종의 전문가들로, 오피니언 리더, 얼리 어답터 또는 시장 전문가(market maven)의 모습일 때도 있고, 때로는 마니아 소비자의 형태로 나타나기도 한다.

혁신적인 신상품의 경우만 봐도, 시장 출시 후 새로운 것을 시도하기 좋아하는 이노베이터나 얼리 어답터 집단에서 그것을 받아들인 다음에야 비로소 매출이 다수 발생한다. 이노베이터나 얼리 어답터가 전기 및 후기 다수 수용자(early and late majority) 같은 일반인 집단이 안심하고 신제품을 살 수 있도록 분위기를 조성하기 때문이다.

스니저들은 인터넷 유명 사이트의 게시판 등을 통해 전문 지식을 제공하고, 전문적인 제품 평가까지 해주는 등 넷전 폭발의 진앙지 역할을 한다. 따라서 스니저들을 찾아내고 사로잡는 것이야말로 넷전을 창조하고 관리하는 가장 중요한 첫걸음이다.

넷전의 윤활유, 개인 블로그와 온라인 커뮤니티

제품이나 브랜드 전문 사이트 중심으로 퍼져나가던 넷전은, 이제 취향껏 꾸민 개인 홈페이지나 블로그 등의 1인 미디어가 폭발적으로 증폭하면서 더 큰 영향력을 갖게 되었다. 개인 홈페이지나 블로그들은 상호 연결이 간편해 비교적 빠른 시간 안에 네트워크를 형성하고, 이렇게 형성된 네트워크를 통해 '하나의 정보'가 쉽게 전파되기 때문에, 1 대 1 구두보다 정보 확산에 큰 도움이 된다.

개인 블로그를 가지고 있는 소비자들은 자신이 생산한 콘텐츠가 아닌 타인의 콘텐츠를 다른 공간으로 스크랩하거나 이동시키는 '펌' 또는 '퍼옴'을 통해 스스로 펌킨족(펌+KIN+族─KIN은 즐거움을 뜻하는 인터넷 속어로 옆으로 눕히면 '즐' 이 되기도 하고, 동료 또는 네트워크를 뜻하기도 한다)이 되면서 퍼뮤니케이션(펌+커뮤니케이션)을 실행하며, 이는 어디까지나 '자발적' 인 행위므로 더욱더 폭발적인 구전 효과를 발휘한다.

예를 들어 인터넷에 한 네티즌이 작성한 '국민연금의 8가지 비밀' 이라는 내용이 올라온 적이 있었다. 그때 이 내용에 무려 6만 건 이상의 리플이 달렸으며, 이 내용은 개인의 홈피나 개인 블로그로 '펌' 되고 다시 또 '펌' 되어 빠른 시간 내에 확산되었다. 이러한 확산은 국민연금관리공단으로부터 8가지 사항에 대한 해명까지 받아낸 뒤에야 잠잠해졌는데, 개인 블로그를 통한 넷전의 강한 영향력을 단적으로 보여주는 예라고 하겠다. 이는 비단 개인 블로그뿐만 아니다. 개인 홈페이지나 블로그와 함께 온라인 커뮤니티 또한 넷전 확산의 공로자로 등장하고 있다. 실제로 현재 많은 기업·제품이나 브랜드 관련 온라인 커뮤니티들이 소비자들

사이에 기능과 정보를 공유하는 주요한 채널로 자리잡고 있다. 공유와 확산이 빠르게 이뤄지는 속성 아래, 온라인 커뮤니티가 기업의 제품이나 브랜드 등에 대한 넷전의 힘을 증대시키는 역할을 담당하게 된 셈이다.

심지어 최근에는 기업에서 주도적으로 자사 브랜드에 대한 자체 온라인 커뮤니티와 홈페이지 활동을 펼치고 있다. MP3 업체인 아이리버는 아이리버 커뮤니티를 개편하고 소비자 참여를 유도하고 있으며, 아모레 퍼시픽의 색조 화장품 브랜드 라네즈걸 역시 제품 출시 이전부터 싸이월드에 라네즈걸 미니홈피를 열고 자사 제품에 대한 넷전을 관리하고 있다.

이는 상품이나 브랜드, 더 나아가 고객을 위한 가치를 창조하는 데 넷전 관리가 얼마나 중요한지 잘 보여주는 예라고 하겠다.

그러나 넷전이 긍정적인 측면만 가지고 있는 것은 아니다. 미국의 자물쇠 제조업체 크립토나이트(Kryptonite)는 어느 날 인터넷에서 기함할 만한 동영상을 발견했다. 자사의 자물쇠가 볼펜 끝으로 쉽게 열리는 동영상이 개인 블로그를 통해 급속히 확산되고 있었던 것이다. 결국 크립토나이트는 자물쇠 리콜에 연 이익의 40%를 쏟아 부어야 했다. 펩시의 경우는 닥터페퍼, 세븐업 등의 음료를 홍보하기 위해 블로그를 활용했지만, 블로그를 지나치게 상업적으로 이용한다는 비판에 직면하면서 불매 운동에 부딪히기도 했다.

넷전을 통한 가치 창조는 양날의 칼과 같다. 서투르게 사용하면 크게 베일 수도 있다는 뜻이다. 따라서 넷전을 관리하고자 하는 기업이라면 언제나 균형 감각을 가지고 늘 주의를 기울여야 한다는 점을 명심하자.

고객만족의 또 다른 이름
내부 마케팅 Internal Marketing

한창 데이트를 하고 있음에도 평소 엄하신 부모님께 데이트 사실을 숨기고 있던 태희. 남자친구 종훈에 대한 확신이 생기면서 부모님과 식사하는 자리를 마련하기로 마음먹고 준비에 들어간다. 평소보다 일찍 들어가는 건 물론이거니와 주말에는 요리, 청소, 설거지, 빨래 등을 시키지 않아도 척척 해낸다. 드디어 오늘은 가족들과 종훈이 함께 식사하기로 한 날. 내심 가족들이 딸을 어떻게 생각하는지 알고 싶었던 종훈은 옆에 앉은 태희의 남동생에게 장난스럽게 물어본다.

종훈 : "혹시, 누나, 집에서 손도 까딱 안 하고 공주처럼 행동하지 않아요?"

태진 : "아니에요~ 부모님이 시키지 않아도 집안일 스스로 알아서 잘해요."

종훈 : "아, 그래요~? 뜻밖인데⋯⋯. (속으로는 여자친구를 잘 사귀었다는 확신이 드는 순간) 하하⋯⋯!"

이를 옆에서 듣게 된 태희, 겉으론 태연한 척하지만 '내가 고생한 보람이 있군' 하며 미소를 짓는다.

고객에게 가치를 전달하려면 고객의 요구와 기대에 귀를 기울여야 한다는 건 누구나 아는 사실이다. 그리고 이를 위해서는 가장 먼저 고객이 누구인지를 파악해야 한다. 넓게 보면 나를 제외한 사람이나 조직체 모두를 고객이라 할 수 있는데, 크게 나누면 내부 고객과 외부 고객으로 분류할 수 있다.

내부 고객이란 회사 내의 고객들로 쉽게 말해 사내 직원을 의미하며, 외부 고객은 일상에서 고객으로 간주되는 좁은 의미의 고객인 최종 고객과 중간 고객을 뜻한다. 여기서 다소 생소한 중간 고객이란, 자사와 최종 고객, 즉 기업과 소비자 간의 중간 역할을 하는 판매점·대리점(유통망), 제품이나 원료를 공급하는 협력업체를 의미한다. 여기서 중요한 것은 이 내부 고객이 얼마나 기업에 만족하고 있는가다. 다시 말해 내부 고객을 만족시키지 못하면 외부 고객에게 나쁜 메시지가 전달될 가능성이 높다. 이런 점을 감안해 내부 고객의 만족을 전체 고객만족의 출발점으로 삼아야 한다는 뜻이다.

성공 요인으로서의 내부 고객

이런 상황은 기업에 적용해서도 생각해 볼 수 있다. 고객들은 때때로 어떤 서비스를 접할 때, 또 하나의 객체인 종업원들이 과연 이 서비스에 어떤 생각을 가지고 있나 궁금해하며, 이때 종업원의 태도나 한마디가 고객에게 커다란 영향을 미친다. 아래 그림을 살펴보면, 시상 내부에 기업-종업원-고객의 관계에 따른 일정한 마케팅 개념이 존재한다는 것을 알 수 있다.

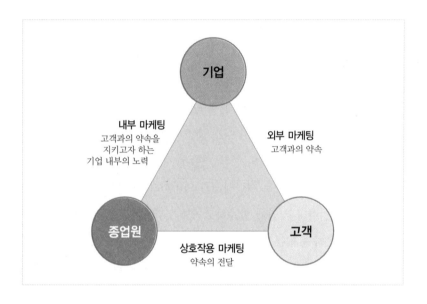

이처럼 고객이 기업·종업원·커뮤니케이션 기술·서비스 등과 접촉을 시작하는 서비스 접점을 도식화해 보면, 위와 같이 서비스 조직(기업), 접촉 종업원, 고객의 3축을 중심으로 3각 구도가 형성된다. 우리는 이 접점 삼각대를 통해 3자 사이의 상호작용과 갈등의 원인을 알아낼 수 있는데, 특히 서비스업에서는 고객과 직접 접촉하는 종업원의 역할이 기업 수

익에 중요한 영향을 미친다는 것을 알 수 있다.

즉 아무리 훌륭한 전략을 세워도 접촉하는 직원이 이를 잘 이해하지 못하거나 고객을 무심하게 대하면, 그 가치가 고객에게 제대로 전달될 수 없다. 이러한 점에서 기업이 만족스러운 종업원을 보유했다는 것은, 서비스 경쟁에서 우위를 확보할 수 있는 필수조건을 갖추었다고 할 수 있으며, 따라서 근래 들어 종업원까지 내부 고객으로 바라봐야 한다는 새로운 주장이 대두되었다. 이는 기업에 직접적 이익을 주는 외부 고객을 만족시켜 수익을 달성하려면 1차적으로 내부 고객인 접촉직원 및 종업원의 만족도를 향상시켜야 하며, 이를 위해서는 그들의 역할 자각과 참가를 유도해야 한다는 논리를 근간으로 삼고 있다. 결국 내부 마케팅은 '내부 고객인 종업원의 욕구 충족 → 고품질의 서비스 → 외부 고객인 소비자의 만족 → 서비스 기업의 목표 달성(고객 유지와 이익 증가)'이라는 고객 만족의 선순환 과정의 출발점으로서, 내부 고객에 의한 가치(value by internal customers) 창출의 기본이 되는 셈이다.

내부 마케팅

'뿌리 깊은 나무는 바람에 흔들리지 않으니, 꽃 좋고 열매가 풍성할 것이요.
샘이 깊은 물은 가뭄에 마르지 않으니, 냇물이 되어 바다에 이르리라.'
_세종대왕의 위민(爲民) 사상

결국 내부 마케팅은, 종업원을 내부 고객으로 규정함으로써 그들에게 동기를 부여하고 고객지향적인 마인드를 강화하는 내부 지향적 마케팅 활동이라고 정의할 수 있다. 즉 노동집약적인 속성이 강한 서비스 업종에서는 더욱 중요한 핵심 활동으로, 종업원이 직무에 만족할 수 있도록 환경을 조성해 주고, 마케팅 기법을 활용해 종업원이 고객지향적 인식과 태도를 갖도록 동기부여를 실시하고 개발해 주는 활동 등을 포함하며, 궁극적인 목표는 이를 통한 고객만족 달성이다.

그럼 이러한 내부 마케팅의 핵심은 무엇일까?

내부 마케팅은 종업원의 동기부여에 중점을 두는데, 종업원의 욕구를 얼마나 잘 충족시키느냐에 따라 최종 고객에게도 그 가치가 제대로 전달된다는 논리에 기초하고 있다는 점에서, 정서적 애착(emotional attachment)을 키워주는 작업이라고도 볼 수 있다. 그리고 이를 위해서는 외부 고객에게 좋은 제품이나 서비스를 제공하는 것과 마찬가지로, 내부 시장에도 좋은 상품을 구비해 주어야 한다.

즉 종업원에게 매력적인 내부 상품인 '동기'를 부여할 수 있는 직무 환경을 제공하는 것이다. 예를 들면 훌륭한 종업원을 유치하고 보유할 수 있는 관리 방법, 인사 정책, 직무 자체의 성격, 계획 및 실행 과정 등이 여기에 포함된다. 이를 위해서는 가장 먼저 경영진의 전략적 의사결정이 요구되며, 겉만 젖은 스펀지는 금방 마르지만 깊숙이 젖은 스펀지는 오래 지속되듯, 종업원 만족 향상을 통한 가치 창출/고객만족 달성이라는 내부 마케팅 목표를, 단순한 구호가 아닌 자발적인 목표로 조직 전반에 확산시켜야 한다.

내부 고객만족과 유형

내부 마케팅의 목표는 종업원 만족의 향상이다. "종업원 만족 (employee satisfaction) 없이는 고객만족(customer satisfaction)도 없다"라는 말이 있다. 종업원의 동기부여를 통한 기업에 대한 내부 직원의 믿음·설득이 선행될 때만이 고객만족도 가능하다는 이야기다. 연간 총 매출액 5,000만 달러의 소규모 기업에서 120억 달러 규모의 범세계적인 기업으로 발전한 메리어트 호텔도 고객만족의 기본 전제는 종업원의 만족이라고 강조한다.

"메리어트가 직원을 만족시키면, 그 직원이 메리어트를 찾는 고객을 만족
시킬 것이다."
_메리어트의 경영철학 中

이는 '행복한 직원이 행복한 고객을 만든다' 는 철학과 뿌리를 같이한다.

즉 회사 내부의 동료나 상사들이 서로를 진정한 고객으로 생각할 때 종업원 만족도 가능하며, 이는 자연스럽게 고객에 대한 친절로 이어져 고객에게 가치를 제공한다. 그리고 이처럼 자발적인 참여가 바탕이 될

때, 내부 고객에 의한 새로운 가치가 유·무형 제품인 서비스의 기본 가치에 더해지거나 그와 별개로 창조된다. 따라서 일방적으로 고객만족을 강요해 종업원의 불만을 사면, 내부 고객에 의한 가치 창출이나 진정한 의미의 고객만족은 불가능해진다. 이는 고객의 만족 수준과 종업원 만족 수준 간의 밀접한 관계를 나타내는 만족거울(Satisfaction Mirror)에서도 확인할 수 있다.

사실 내부 고객을 만족시키는 일은 큰 비용이 들지 않는다. 종업원 만족은 일·직장·인사·근로 조건·회사에 대한 만족도로 나눠서 생각해 볼 수 있는데, 이 유형들을 살펴보기 전에 먼저, 종업원으로서 나는 얼마나 만족하고 있는지 간단한 테스트를 해보자. 왠지 어렵게 느껴질지 모르지만 사실 만족도를 높이는 일은 생각보다 어렵지 않다. 현재 자신이 얼마나 만족하고 있는지 그 수준을 정직하고 명확하게 체크한 다음, 어느 부분이 부족하고, 얼만큼 어떻게 개선할 것이며, 어떻게 관리할 것인지만 결정하면 만족도는 얼마든지 향상될 수 있다.

우선 자신이 어느 정도 만족하는지 체크해 보고, 어떤 부분에서 개선의 여지가 있는지 점검해 보자. 지금부터 다음 질문에 어느 정도 만족하고 있는지 1점(전혀 그렇지 않다)에서 5점(매우 그렇다)까지 솔직하게 대답해 보자.

설문항목	점수				
	전혀 그렇지 않다	그렇지 않다	보통	그렇다	매우 그렇다

>> 일에 대한 만족도

1) 지금 하는 일이 나를 성장하게 만들고 있는가?	① - ② - ③ - ④ - ⑤
2) 자유 재량의 폭이 넓은가?	① - ② - ③ - ④ - ⑤
3) 고객이나 타부서의 사람에게 공헌하고 있는가?	① - ② - ③ - ④ - ⑤
총점 :	

>> 직장에 대한 만족도

1) 상사와의 커뮤니케이션은 잘 이루어지고 있는가?	① - ② - ③ - ④ - ⑤
2) 동료들과의 커뮤니케이션은 잘 되고 있는가?	① - ② - ③ - ④ - ⑤
3) 결정된 일은 모두 수행하려는 결속력이 있나?	① - ② - ③ - ④ - ⑤
총점 :	

>> 인사에 대한 만족도

1) 인사 평가와 처우가 공정하다고 생각하는가?	① - ② - ③ - ④ - ⑤
2) 실패를 비난하지 않고 재도전하게 해주는가?	① - ② - ③ - ④ - ⑤
3) 개인의 성장을 지원해 주는가?	① - ② - ③ - ④ - ⑤
총점 :	

>> 근로 조건에 대한 만족도

1) 소득 수준은 일에 비해 합당한가?	① - ② - ③ - ④ - ⑤
2) 근무 조건은 납득할 만한가?	① - ② - ③ - ④ - ⑤
3) 복리후생 제도는 충실하게 마련되어 있는가?	① - ② - ③ - ④ - ⑤
총점 :	

>> 회사에 대한 만족도

1) 경영 자세에 공감할 수 있는가?	① - ② - ③ - ④ - ⑤
2) 이 회사에 자부심을 가지고 있는가?	① - ② - ③ - ④ - ⑤
3) 지역사회에 공헌하는 등 좋은 이미지를 가지고 있는가?	① - ② - ③ - ④ - ⑤
총점 :	

솔직히 대답했다면, 각 유형에 해당하는 3개의 질문에 대한 점수를 합해 보고, 만족도 유형별 총합을 통해 지금 당신이 얼마나 만족하고 있는지 따져보자.

▶13점 이상

당신도 예상하지 않았는가?

당신은 회사 생활에 만족하고 있으며, 지금처럼 계속 간다면 아무 문제 없다!

▶10~12점

그만두면 후회할 걸~!

예상하지 못했을 수도 있지만, 당신은 대체로 만족하고 있다.

이 정도 만족하면서 회사 생활하기도 쉽지 않다. 그만두면 후회할 수 있으니 회사에 애정을 가지도록 노력해 보자.

누가 아나? 이렇게 하다 보면, 의외로 회사에 대한 만족도가 높아질지?

▶8~9점

괜찮다. 그 동안 당신이 원하는 것이 무엇인지 찾지 못했을 수 있다.

10점대 진입의 무한한 잠재력을 가진 당신! 목표를 정해 조금만 더 분발하자~!!

▶7점 이하

개선이 필요하다!

적극적인 개선 요망, 고치지 않으면 심각해진다. 다른 유형의 만족도가 월등히 높지 않다면 직장에 대한 당신의 불만족은 커질 수밖에 없다.

뛰어난 재능도, 일에 대한 의지와 성공에 대한 욕망이 있어도,

불만족 상황에서는 빛을 발하기 힘들다.

지금부터라도 한 가지씩 개선의 여지가 있는 부분은

고쳐나가도록 애쓰자.

한편 여기서 제시한 진단 목록뿐 아니라 일반적으로 생각하는 금전적

인 보상(복리후생, 소득 수준, 근무 조건), 또 그 외에도 다양한 요인들이 종업원 만족에 영향을 미치고 있다.

최근 가장 이상적인 10대 직장으로 뽑힌 사우스웨스트항공의 경우, 항공 산업에서 가장 낮은 이직률을 자랑할 만큼 종업원 만족 수준이 높은 편인데, 여기에는 경영진들의 끊임없는 자성과 노력이 있었다.

현재 많은 기업들이 "우리는 가족이다"라고 이야기하지만, 정작 종업원을 만족시켜 주는 기업은 거의 없다고 해도 과언이 아니다. 그러나 사우스웨스트항공은 달랐다. 일례를 들어 사우스웨스트항공은 종업원의 반 이상이 퇴근 후에 자선 활동에 참여하고, 자주 모여 파티를 갖는다. 게다가 800명 이상, 거의 현장 인력의 6% 가량이 직장동료와 결혼했다. 즐겁게, 신나게 일할 수 있다는 자체가 정서적 애착을 증대시키고 종업원 만족과 충성으로 이어져 가치를 창출한 셈이다. 그리고 이것이 고객에게 진정한 의미의 만족으로 연결되었음은 두말할 나위가 없다.

지금 당장 주변을 둘러보자. 당신의 부하와 상사, 그리고 당신은, 현재 서로를 진정한 고객으로 생각하고 있는가?

내부 마케팅의 실천

덧붙여 콜린 미첼은 내부 마케팅을 "내부에서 브랜드를 판매하는 일 (Selling the brand inside)"로 정의하고, 이에 성공하기 위한 원칙으로, 도입 시점을 선택하고(서비스 개념을 도입했을 경우, 또는 전략적으로 새로운 포지셔닝 전략이 요구되는 경우 등), 내·외부 마케팅을 연결시키며, 브랜드 자체가 종업원과 감정적인 연계를 가질 수 있도록 살아 있는 브랜드를 만들 것 이렇게 세 가지를 들고 있다. 또한 그는 서비스 활동을 올바르게 수행해 가치를 창출할 수 있도록 종업원들에게 서비스 마케팅 활동에 대한 범위 와 전략 등을 충분히 설명한 뒤 참가를 촉진함과 동시에 교육 훈련, 상사 의 지원, 보상 시스템, 권한 위임, 내부 고객 시장의 세분화, 다양한 내부 마케팅 커뮤니케이션 방법의 개발 및 ESI(내부 고객만족도) 조사를 통한 피 드백이 뒷받침되어야 한다고 강조했다.

au bon pain　　이 중 제조업에서 고객을 위해 결과물을 생산 할 수 있는 능력과 권한 위임을 성공적으로 실행한 사례가 프랑스식 제과 점 카페 체인인 오봉팽(Au Bon Pain)이다. 관리자인 레너드 슐레진저는 고 객을 위한 차별화된 서비스를 창안하기 위해 광범위한 재량권을 행사할 수 있도록 마련된 인센티브와 기타 아이디어를 실험하던 중, 이것의 일 환으로 재직하는 동안 파트너-관리자(partner-manager)프로그램을 실시 했다. 이 프로그램에 참가한 점포관리자와 회사는 일정 이상의 경상 수 익을 반반씩 나누기로 했으며, 답례로 오봉팽은 품질 관리 기준처럼 모 든 점포에서 하는 표준 장식과 표준 핵심(core)제품 외에는 각 점포에서 알아서 하도록 광범위한 재량권을 관리자에게 부여했다. 이것은 내부 고 객인 직원의 역량을 발휘할 수 있도록 고객의 상황을 만들어준 것으로 결 과는 매우 좋았으며, 이들 가운데 일부는 오봉팽의 일선 직원에게도 확 대 실시해 직원의 이직률은 현저히 줄이면서도 고객만족도를 높일 수 있었다. 동업자-관리자 프로그램은 그 결과를 통해 고객과 직원의 만족과 충성도 간에 직접적인 연결고리가 있음을 확인시켜 준 좋은 사례라 할 수 있다.

Unilever 세계 최대 식품 및 생활용품 제조회사인 유니레버 또한 다양한 지원프로그램을 통해 내부 마케팅을 실천하고 있다. 종업원들에 대한 유니레버의 사내 지원 프로그램은 1999년 유니와 레버가 합병되면서부터 당시 상호 이질적인 문화에서 근무해 온 종업원들을 하나로 묶을 필요가 있어 그 필요성이 제기되었다. 런던 본사의 경우 거의 매일 종업원들이 주인공이 된 연극이나 뮤지컬과 같은 공연이 열리는데, 강요되는 일과가 아님에도 불구하고 유니레버의 종업원 중 80%가 자발적으로 참여한다. 공연을 통해 문화생활을 즐길 수 있다는 장점도 있지만 종업원 자신의 업무 능률 향상에 적지 않은 도움을 받기 때문이다. 이 밖에 다양한 유니레버의 사내지원 프로그램은 종업원들의 표현력과 대화법을 개선시켜 그들 사이의 원활한 의사소통을 가능하도록 만들었으며, 이는 종업원들의 직무만족이나 조직몰입에도 긍정적인 영향을 미쳐 그들에게 동기를 부여하고 조직을 하나로 묶는 데에 큰 역할을 했다.

MINTO 제조업뿐 아니라 고객을 대상으로 하는 서비스업 중에서는 북카페 겸 문화모임터인 민들레영토가 보상시스템을 잘 활용한 내부 마케팅의 성공 사례다. 민들레영토는 종업원들에게 자사에 대한 정서적 애착을 통한 브랜드 자부심을 느끼게 하는 다양한 프로그램

을 도입해 그 자부심이 고객에게까지 전달될 수 있도록 했다. 업계 최고의 대우라든가 마스터제도를 통한 우수사원 인센티브 부여 등 다양한 동기부여 프로그램이 브랜드 자부심을 불러일으켰고 이러한 내부 직원 만족감이 고객만족으로 이어져 오늘날의 민들레영토가 만들어 질 수 있었던 것이다.

하나금융그룹 금융업도 예외는 아니다. 하나금융그룹에서는 금융시장에서 여성고객이 중요해지는 트렌드에 따라, 이를 잘 아는 내부 여성고객의 마음을 잡기 위한 노력의 일환으로 사내 보육시설 마련이나 '여성문화연구회'와 등과 같은 소모임을 활발히 진행하고 있다. 이 중 괄목할 만한 것은 실무진에만 맡기는 것이 아니라 CEO가 종업원 만족의 중요성에 대한 신념을 가지고 직접나서서 참여한다는 점이다. '여성문화연구회' 회원으로의 참여 활동 등을 통해 아래의 김승유 회장의 말 안에 배어 있는 신념이 실천으로 이어지고 있음을 알 수 있다 .

"변화라는 것은 Top에서부터 이뤄질 때, 물 흐르듯이 자연스럽게 아래로 전해질 것이다."
_하나금융그룹, 김승유 회장

Everland 에버랜드는 직원만족이 곧 고객만족이라는 신념으로 직원만족을 위해 많은 지원을 하고 있는데, 특히 직원들 기숙사인 캐스트 하우스(Cast House)는 신체건강을 위한 웰니스클리닉, 호텔급 화장실, bar, 영화감상실 등의 호텔급 수준에 육박하는 고급 시설로 꾸며져 있을 뿐 아니라 1인 1실로 운영되고 있다. 이 중, 1인 1실 기숙사 운영은 1990년대 초반 당시 그룹사에서 전무후무한 일이었음에도 당시 CEO였던 허태학 사장이 종업원이 중요하다는 신념 하에 정서적 노동을 감안해 볼 때, 자율적이고 창의적인 서비스 실천을 위해 꼭 필요함을 고집해 이루어낸 결실이다. 위와 같은 노력을 통해 관리자들은 직원 스스로 서비스인으로서의 자부심을 느끼고 종업원들의 열의가 높아지는 것을 경험했다. 한편 이처럼 1990년대 초반부터 시작된 선도적인 지원은 상징적인 영향을 미쳐 다른 산업으로의 확산에도 일조했다.

SAMSUNG 삼성석유화학 기업을 대상으로 판매하는 석유화학 제품에 국내최초로 '3·2 way'라는 브랜드를 도입해 서비스 차별화를 통한 고객만족을 구현하려는 '삼성석유화학'의 내부 마케팅 또한 주목할 만하다. 삼성석유화학은 고객을 내부 고객, 외부 고객, 협력사 고객, 지역사회 고객, 그리고 주주고객의 '5대 고객'으로 정의 및 분류하고 있다.(240쪽 그림 참조)이 중 내부 고객만족을 위해 학습과 인센티브 등을 통해 원원개념의 조직문화를 만들고자 노력하고 있다. 또한 호텔급 휘트니스센터인 '웰니스센터'와 아늑한 카페를 연상시키는 휴게실, 사무실 곳곳의 화초, 사업장의 공원화 등을 추진했으며, 이를 통한 내부 고객의 만족감은 업무에 '보이지 않는 힘'으로 연결돼 생산성 향상과 업무 성취도를 크게 높여주었다.

외부 고객을 만족시키기 위해서는 또 다른 고객들을 먼저 만족시켜야 한다는 것이 삼성석유화학의 고객만족이다. 내부 고객인 종업원을 만족시켜 서비스 향상으로 이어지도록 하고, 결국 서비스 향상은 고객만족을 창출해 낼 수 있음을 기억해야 할 것이다.

협력사 고객과는 아웃소싱된 기업에서 예상치 않은 많은 부분에서의 마이너스를 초래할 수 있기 때문에 아웃소싱된 기업과 모 회사의 관계는 단순한 협력관계가 아니라 고객과 기업 이미지 관계로 확장되는 관계다.

지역사회 고객과 주주 고객은 말 그대로 지역사회 구성원들과 주주들에게 만족할 만한 성과물과 감동을 제공해 주는 것이다. 그 지역사회 및

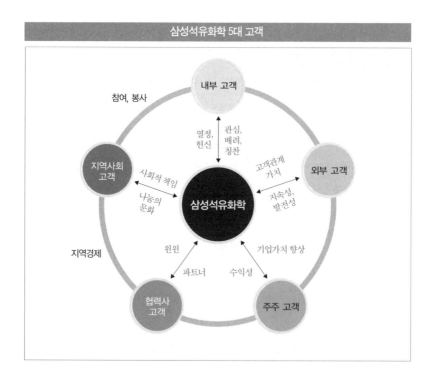

삼성석유화학 5대 고객

국가를 기반으로 한 기업이 이익을 다시 환원함으로써 지역 발전에 기여하고, 기업의 가치를 높여 주주들에게 좀더 많은 배당을 환원해 주는 것이 그 예다. 이때 지역사회와 주주고객은 그 책임을 다하는 기업에 대해 지지와 성원을 보냄으로써 보답하게 된다.

이 같은 다섯 가지 카테고리의 고객을 만족시킬 수 있는 전략이 그 회사에 존재하느냐, 그렇지 않느냐에 따라 고객만족경영의 실패와 성공이 갈린다.

앞서 살펴보았듯이 내부 마케팅은 종업원을 진정한 고객으로 다루는 철학으로서 기업의 외부 마케팅(고객에 대한 마케팅)을 위한 도로포장과 같은 것이라 할 수 있다. 광고 판촉 등 외부 마케팅을 열심히 하는 것도 중요하지만 내부 고객인 종업원들을 만족시켜 종업원들이 역으로 고객을 만족시키게 하는 것이 더욱 중요하다는 것이다. 즉 내부 마케팅을 통해 내부 고객에 의한 가치창출(value by internal customers) 및 기업문화의 개발, 유지 및 새로운 제품, 서비스, 마케팅 활동의 성공적인 도입을 꾀할 수 있음을 유념해 근무여건 개선을 넘어선 그 이상의 무언가를 종업원들에게 제공할 수 있도록 노력해야 할 것이다.

직원은 기업의 대표선수!
내부 브랜딩 Internal Branding

평소 관상학에 관심이 많았던 대성의 어머니, 요즘 아들의 낯선 행동에 여자친구가 생겼는지 수상히 여기던 차에 길거리에서 우연히 대성과 다정하게 걷고 있는 진숙과 마주치는데……. 당황한 대성은 여자친구인 진숙을 '친한 친구'라 소개하고 진숙과 헤어져 곧바로 어머니와 집으로 향한다. 집으로 가는 길에 어머니는 질문을 퍼붓고, 결국 대성의 마음속에 어머니의 한마디가 앙금처럼 남았다. "너무 시골스럽게 생겼더라. 집은 어디니? 하나를 보면 열을 안다고, 날카로운 인상인데 여자애가 옷차림에 신경도 안 쓰고, 남자처럼 입고……. 저런 애랑은 친구도 하지 마라. 괜히 너까지 손해본다."

대성의 어머니는 세련되지 못한 진숙이 대성의 품위를 손상시킬까 염려해 같이 다니는 것조차 멀리 하라고 경고하는데, 이를 기업의 환경과 대비해 보면 기업이 종업원을 선발할 때 자사의 기업 이미지를 고려하는 것과 비슷하다고 할 수 있다.

기업 입장에서 종업원에 의한 가치 창조를 추구하려면 선발시 그 종업원의 외적인 면뿐 아니라 브랜드에 대해 가진 내적인 생각까지 고려해야 한다. 또 이미 파트너가 되었다면 어떻게 브랜드에 대한 문화를 공유시키고 체화시킬 것인가를 병행해서 고민해야 한다. 이처럼 종업원이 기업의 브랜드 실체를 전달하는 대사관 역할을 잘 해낼 수 있도록 독려하기 위한 모든 브랜드 내재화 활동을 '내부 브랜딩'이라고 정의한다.

내부 브랜딩과 중요성

영국에서 시행된 한 조사에 따르면, 영국의 근로자들 중 약 30%가 자사 브랜드에 대해 중립적이거나 아예 관심조차 없는 것으로 드러났다. 더 놀라운 것은 심지어 22%는 자사 브랜드에 적대적이거나 더 나아가 자사 브랜드 문화에 적극적인 반대를 표하고 있었다(Hiscock 2002). 내부 고객으로서 자사의 브랜드를 완전히 이해하고 이를 외부 고객들과 커뮤니케이션하는 것은 어찌 보면 종업원으로서 너무 당연한 의무다. 그러나 위의 조사 결과는 실제로는 그렇지 못한 경우가 더 많다는 것을 경고한다. 데이비드 아커 교수의 아래 질문을 생각해 보자.

"귀사의 모든 임직원이, 즉 경영자에서부터 안내 데스크의 여직원들까지 정확하고 일관되게 브랜드 약속을 이해하고 설명하지 못한다면, 귀사의 고객들이 귀사의 브랜드에 어떤 반응을 보일 것 같은가?

브랜드의 중요성 면에서 볼 때, 흔히 중요한 전달 대상은 외부 고객에 국한된다고 생각하기 쉽다. 그러나 브랜드를 관리하는 최고경영자 입장에서 간과하지 말아야 할 것은 브랜드를 관리하고 전달하는 내부 고객, 바로 종업원들의 힘이다. 브랜드가 외부 고객이나 중요한 이해 관계자들에게 효과적으로 전달되려면 내부 고객의 브랜드에 대한 명확한 이해와 효과적인 전달 능력이 반드시 필요하기 때문이다.

Berry 또한 브랜드 내재화의 중요성을 역설한 연구에서, 대부분의 소비자들이 서비스 브랜드를 지각할 때 그 회사의 브랜드명을 인지하는 경우가 많으며, 이것은 제품 브랜드 관리와 서비스 브랜드 관리를 각각 다른 영역으로 다루어야 한다는 것을 증명한다고 주장한다. 즉 서비스 기업들은 개별 서비스 상품보다는, 브랜드명, 브랜드 이미지, 브랜드 아이덴티티의 중요성을 인식해야 하며, 동시에 각 접점에서 브랜드 자체로 인식되는 직원 하나하나가 자사의 브랜드를 어느 정도나 내재화하고 있는지를 점검해야 한다는 뜻이다. 실제로 이러한 중요성은 모니터링 서비스를 제공하는 미국 인텔리시크(Intelliseek)의 구매 결정시 영향 요인에 대한 조사에서도 확연하게 나타난다. 조사 결과 외부 고객의 구매 결정에 영향을 미치는 요소 중에, '제품이나 회사에 대한 해당 회사 직원의 긍정적인 코멘트'가 5위 안쪽을 차지했으며, 이는 'TV · 라디오 · 신문 등의 긍정적인 뉴스'보다 훨씬 높은 수치였다. 최근 외부 브랜딩을 위한 선행 단계이자 외부 고객들의 충성도를 높이기 위한 주춧돌로 내부 브랜딩의 중요성이 강조되고 있는 것도 바로 이런 맥락에서 이해할 수 있다.

내부 브랜딩 실천 1 - 브랜드 내재화

대부분의 기업들은 종업원들이 당연히 브랜드 아이덴티티나 콘셉트 등 브랜드 관련 사항들을 잘 알고 있을 것이라 여긴 나머지 외부 고객에게만 그 정보를 전달하려고 한다. 게다가 브랜드 조사부터 마케팅 커뮤니케이션 활동까지 대부분을 광고 회사에 일임하고 단순히 그 결과를 보고받는 데 그친다. 그러나 이런 시스템으로는 자사 브랜드의 흐름이 어떻고, 시장에서 어떤 위치를 차지하고 있으며, 이미지는 어떤지 등을 내부 고객 대부분이 공유할 수 없다. 그리고 이 때문에 어렵게 브랜드 포지셔닝을 정립해 놓고도 활용·전달 단계에서 실패하는 경우가 속속 발생한다.

고객들의 브랜드 경험은 도처에서 지속적으로 일어난다. 또 그에 대한 고객의 기대도 항상 업데이트된다. 이때 내부 고객은 외부 고객, 즉 일반 소비자에게 브랜드를 가장 효과적으로 강력하게 포지셔닝할 수 있는 도구다. 즉 매우 어려운 단계이긴 하지만, 긍정적인 성과를 이룩하려면 이 포지셔닝이 기업 내부에 깊이 스며드는 동시에 구체화되어야 한다. 아무리 광고를 하고 브랜드 이미지를 구축하려고 노력해도 직원들이 그와 부합하는 행동을 보이지 않으며, 소비자는 그 기업에 부정적인 이미지를 가질 것이기 때문이다.

브랜드 내재화가 가능해지려면, 내부 고객인 직원들이 외부 고객에게 브랜드를 효과적으로 전달하도록 만들어야 한다. 또 이것을 가능하게 하려면 직원들 스스로 회사 브랜드 가치가 무엇이며, 회사가 추구하고 방향이 어디인지 확실히 알아야 한다. 미국의 음악 전문 방송 MTV의 경우, 환상적인 비즈니스 공간인 뉴욕 타임즈 광장에 위치해 있으며, 개인을 위한 사무실과 즐거운 음악, 자유로운 복장 등을 추구한다. 회사 브랜드 자체 주는 느낌과 상당히 유사하지 않은가.

그런가 하면 직원들이 머무는 사무실을 제작 사무실과 같은 층에 마련해 프로그램에 대한 표적 집단 구성원들의 반응을 관찰하고 공감대를 촉진할 수 있도록 함으로써 직원들의 이해를 향상시키고 있다. 국내 업체 중에서 이를 가장 잘 실행하고 있는 기업을 꼽자면 삼성을 들 수 있다.

삼성은 신입사원을 뽑으면 연수원에서 수주일간 교육을 시킨다. 삼성이 추구하는 목적은 무엇이며, 삼성 직원으로서 가져야 할 자세들을 거의 '세뇌' 시키다시피 교육하는 것이다. 그래서 삼성에 다니는 직원들은 '삼성 문화'가 몸에 배어 있다고들 한다. 우리가 삼성 직원들을 '삼성맨'이라고 부르는 것도 이 같은 이유에서다. 그리고 많은 이들이 '삼성맨'들을 통해 삼성에 대한 이미지를 쌓아간다는 점에서도, 삼성이 그토록 직원들의 교육에 매진하는 이유를 어렵지 않게 짐작해 볼 수 있다.

내부 브랜딩 실천 2 – 마케팅 커뮤니케이션 방법 개발

마케팅 커뮤니케이션은 외부 고객뿐 아니라 내부 고객에게도 수행되어야 한다. 외부 고객에 대한 커뮤니케이션과 동시에 내부 고객도 브랜드의 속성을 깊이 체화해 통합된 목소리를 내도록 함으로써, 양측 고객모두가 강렬한 브랜드 경험을 하도록 유도하는 것이다.

수년간 적자에 시달리다가 리포지셔닝 후 1년 사이 40% 가까운 성장률을 올린 Saab의 성공 근간에도 바로 효과적인 내부 브랜딩을 위한 다양한 마케팅 커뮤니케이션 방법 개발 노력이 있었다. 그들은 'Saab Way'라는 훈련 프로그램을 통해 조직문화를 일신했을 뿐 아니라 내부 근무 환경, 유니폼, 문구류 등 조직 내부의 물리적 단서들에까지 신경을 써 직원들이 자사 브랜드를 늘 체험하고 느끼도록 했다. 또한 이런 과정을 통한 일관된 브랜드 메시지가 몸에 체화되도록 유도했다. 실제로 청바지를 입던 사람이 정장을 입으면 그 마음가짐과 행동이 달라지듯이, 물리적 단서는 새로운 옷처럼 조직의 브랜드 문화를 변화 · 내재화시키는 데 상당한 도움을 준다. 즉 기업이 직원들의 브랜드 체화를 위해서는, 외부고객을 향한 물리적 단서를 디자인하듯 내부의 물리적 단서들까지 고려해야 한다.

이 외에도 브랜드 매뉴얼이나 브랜드 북을 커뮤니케이션 방법으로 활용하는 것도 효과적이다. 여기서는 브랜드 포지셔닝이나 목적, 브랜드전략의 배경 등 브랜드가 지향하는 목적뿐 아니라, 실제로 브랜드를 전달받는 실무자의 입장을 고려해 브랜드 성공을 위한 행동 기준(슬로건의 사용 방법과 의미, 광고 전개의 규칙 등)들을 제시할 수 있는데, 이는 브랜드 침투를 위한 방법을 제시하는 교과서 역할을 담당한다는 점에서 내부 브랜딩 실천의 필수 도구로 자리잡고 있다. 실례로 시카고 외곽에 위치한 가스회사 니코(Nicor)는 사내 책자나 사보 등을 통해 브랜드 구축 관련 작업을 소개하는 동시에, 브랜드 관련 최신 정보를 전 사원이 빠른 시간 내에 습득하도록 했고, TV 광고 스케줄을 전 직원에게 나눠주어 항상 고객 서비스 입장에 서 있도록 유도했다.

내부 브랜딩 실천 3 – 신중하게 직원을 선별하라

"우리는 사람들을, 어떤 직무라도 수행할 수 있도록 훈련시킬 수 있다. 그러나 친절한 태도를 갖게 하기 위해서는 이 노력을 채용 및 선발부터 시작해야 한다."

_메리어트, 로저 도우(Roger Dow)

이 한마디는 우수한 신입사원을 선발하는 것이 얼마나 중요한지를 단적으로 보여준다. 서비스 기업은 서비스 능력(service competence)뿐 아니라 서비스 성향(service inclination)까지 고려해야 하는데, 서비스 능력이란 기술이나 지식 또는 신체적 조건이나 학위, 서비스 성향이란 가치관, 태도 등을 의미한다. 서비스 성향에는 남을 기꺼이 도우려는 마음, 사려 깊음, 사교성 등 고객에 의한 가치 창조 도구와 더불어 원하는 바를 효과적으로 전달하는 능력인 오피니언 리더십(opinion leadership)까지 포함된다.

에버랜드 역시 직원을 채용할 때 서비스업에 적합한 요소들을 채용의 중요한 평가 기준으로 삼는다. 특히 단순한 서류상의 이력사항보다 서비스업의 특성에 맞는 선천적 끼와 표정이 밝은 사람을 선호하며 체격, 체형, 외모, 말씨 등과 항상 웃을 수 있는 자세, 그리고 인내를 높이 평가한다. 서비스업에 있어 사람은 기업의 성패를 좌우하는 가장 중요한 경영요소다. 따라서 에버랜드에서는 서비스업에 적합한 인재를 선발하기 위해 대체로 까다로운 면접심사를 거치며 직원들을 특성에 맞는 업무에 우선 배치하는 것을 원칙으로 한다. 고객과 접점에 있는 직원일수록 이러한 서비스업에 맞는 평가 기준이 적용되어야 하며 그것은 곧 기업의 서비스와 직결되기 때문이다.

국내의 모 연구원에서는 회사가 어려울수록 EQ, 즉 감성지수가 높은 직원을 키우라고 주장한다. 연구원측은 "회사가 어려워지면 종업원들이 불안감과 스트레스에 허덕여 업무에 의욕을 잃는 경우가 많다. 이 경우 똑똑한 직원보다는 자신과 타인의 감성을 잘 다스려 좋은 인간관계를 유지할 줄 아는 직원이 회사를 이끌어나가게 되고, 그들의 경우 이직률도 낮다"고 설명한다. 실제로 자동차 대여 업체인 엔터프라이즈는 고객과 좋은 관계를 유지하기 위해서는 직원 개개인의 역량이 중요하다는 판단 아래 직원을 채용할 때 IQ 못지않게 EQ를 비중 있게 고려한다. EQ란 쉽게 말해 '자신의 감성과 주위 사람들의 감성을 이해하고 잘 다스려, 자신과 주위 사람들과 좋은 관계(relationship)를 유지하는 능력'이다. 실제로 이 업체는 남다른 EQ를 가진 사람을 발굴하기 위해 재미있는 EQ 검사

양식을 자체 개발했을 뿐 아니라, 수많은 지원자들 가운데 최고의 인재를 가려내기 위해 영업소에서 차출한 채용 전문가들로 구성된 팀까지 보유했다.

한편, EQ는 업종 특성에 따라 브랜드 콘셉트를 고려해 채용 기준에 반영된다. 일례로 사우스웨스트항공은 인재 선발 때 유머 감각을 최우선 기준으로 고려한다. 이에 대해 최고경영자인 허브 켈러허도 "채용은 좋은 업무 태도를 지닌 사람을 찾는 것에서 출발한다(Hiring starts off looking for people with a good attitude)"라고 언급한 바 있다. 이는 치열한 경쟁 속에서 고객들에게 최선의 서비스를 제공하기 위해서는 고객에 대한 지식과 기술보다는 스트레스를 이길 수 있는 유머 등 감성 역량이 더 중요하다고 판단했기 때문이다.

이와 더불어 일부 업체에서는 일선 종업원의 가장 큰 이직 원인 가운데 하나가 신입사원 시절 업무를 제대로 파악하지 못했기 때문임을 염두에 두고, 자기 선발(Self-Selection) 과정을 거치기도 한다. 예를 들어 매년 수만 명의 종업원을 고용하는 세계적인 건물 관리 서비스 회사 ISS는, 코펜하겐의 직업 센터에서 이른 아침부터 업무를 시작하는 것이 얼마나 어려운지를 강조한 '업무소개(job preview)'를 보여주는 등 수행해야 할 업무를 자세하게 소개한 뒤, 직원들 스스로 직무를 받아들일 것인가 말 것인가 최종 결정을 하도록 유도한다. 현재 ISS의 종업원 유지율은 덴마크 내 동일 산업 평균에 비해 5배나 높다.

모든 직원이 브랜드의 홍보대사이자 살아 있는 브랜드가 되기 위해

많은 기업들이 마케팅 전략을 수립할 때, 브랜드 제작 브랜딩을 전부라고 생각한다. 그래서 조직 외부 전략에만 신경 쓰는 경우가 많다. 이렇게 되면 당연히 제대로 된 마케팅 믹스 전략과도 괴리가 생기고 시장에서 실패할 확률도 높아진다. 조직 내부의 브랜딩을 염두에 두지 않은 마케팅은 사실 절름발이와 다를 바 없다. 따라서 이를 방지하려면 일선에서 고객을 만나는 직원들이 브랜드에 관한 정확한 뜻과 본질 및 개성, 약속 등을 잘 알고 있어야 한다. 어떤 고객이 물어올 때 그에 대해 잘 설명해줄 수 있어야 한다는 뜻이다.

이는 내부 고객에 의한 가치 창출의 첫걸음이며 더 나아가 직원들이 자사 제품을 사용해 스스로 브랜드 홍보대사가 될 때 그 가치도 더 커진다. 만일 내부 고객이 경쟁사의 브랜드를 사용하는 모습을 외부 고객들이 발견했다고 치자. 외부 고객들은 의구심을 가지게 될 것이며, 이는 그 기업 브랜드에 대한 외면으로 이어질 것이다.

이제 외부 고객들은 입으로만 부르짖는 고객만족에는 반응하지 않는다. 대신 한 발 물러나 그 기업을 살피고 몸소 행동하는 고객만족을 보고 나서야 고개를 끄덕여준다. 즉 기업의 머리끝부터 발끝, 최고경영자부터 하부직원까지 모두가 한마음이 되어 진정한 고객만족 실천에 나설 때, 고객들도 진정 그 기업의 '고객'으로 자리잡게 되는 것이다.

몇 년에 한 번 우리는 국가대표선수를 뽑아 올림픽이나 월드컵에 내보낸다. 또 외국인들은 그 선수들을 보며 한국에 대한 이미지를 형성한다, 기업도 마찬가지다. 기업의 직원들은 기업 유니폼을 입은 대표선수와 다름없다. 많은 고객들이 그 직원을 보고 기업에 대한 이미지를 형성하기 때문이다. 따라서 직원들은 자사가 지향하는 가치와 문화를 지녀야 하며, 이를 바탕으로 자신의 역량을 표출할 수 있어야 한다. 즉 최고경영자의 지도력과 적극적인 지원을 통해 브랜드 약속의 플랫폼이 되는 뚜렷한 기업문화를 개발하는 것도 중요하지만, 모든 부서 간에 일치되는 브랜드 메시지로 내부 브랜딩 시스템을 개발, 구축하는 일이 동반되어야만, 아름다운 선율을 지닌 힘있는 오케스트라 기업이 탄생할 수 있다.

이제는 고객참여의 시대
고객시민행동

재석은 오늘도 미팅을 나간다. 재석과 같은 과 친구들은 미팅 건수만 생기면 꼭 재석을 데려나가고 싶어한다. 잘생겨서도 아니고, 돈이 많아서도 아니다. 이른바 '분위기 메이커'이기 때문이다. 미팅에 나가면 재석은 항상 재치 있는 말솜씨로 자칫 어색해질 수 있는 분위기를 부드럽게 만들어 상대를 편안하게 해주는가 하면, 같이 나간 친구들의 장점을 자연스럽게 소개해 미팅 참석자 모두가 즐거운 분위기 속에서 좋은 만남을 가질 수 있도록 도와준다. 누가 재석에게 그런 역할을 부탁한 것도 아니지만, 재석은 자신의 행동이 다른 사람에게 즐거움을 준다는 사실만으로도 행복해하는 것 같다.

누구나 재석 같은 사람을 좋아할 것이다. 운동선수로 말하자면 재석은 팀플레이어다. 이들의 행동은 다른 팀원들에게 긍정적인 영향을 미쳐 결과적으로 팀 전체의 성적을 향상시키고, 이를 지켜보는 관중들도 즐거워진다. 예전에도 많은 기업들이 성과 향상을 위해 재석과 같은 사원을 선발하기 위해 노력해 왔다. 과거 어느 때보다 고객의 참여가 기업에 미치는 영향이 커진 현대에서는, 재석 같은 '사원'이 가지는 가치를 넘어 재석과 같은 '고객'들이 갖는 가치에 다시 한번 주목할 필요가 있다.

고객은 변하고 있다

고객이 마케팅 활동의 중심이 되면서 기업들은 고객만족을 위해 많은 노력을 기울이고 있다. 그러나 서비스 사회로의 진화, 디지털 환경의 보급 등과 같은 다양한 변화 속에서 오늘날의 고객들은 단순히 떠받들어지는 존재가 아닌, 기업의 모든 활동과 전략에 영향을 미치는 하나의 주체로 등장하기 시작했다. 이제 고객은 기업의 상품이나 서비스 혹은 그것과 관련된 프로세스에 대한 개인적인 만족, 불만족을 반응하는 데 그치는 대신, 겉으로 표출되는 구체적인 행동을 통해 기업과 다른 고객에게 추가적인 영향력을 행사한다. 더구나 최근 사회·경제·문화의 변화 추세를 감안해 볼 때 이런 현상은 앞으로도 꾸준히 지속될 전망이며, 따라서 오늘날 기업 활동에서는 고객의 다양한 행동이 가지는 중요성이 빠른 속도로 부각되고 있다.

고객의 행동, 행동, 행동

기업과 고객의 관계에서 고객은 다양한 행동 방식을 보이는데, 크게 두 가지 기준으로 나누어보면 다음과 같다. 하나는 고객의 행동이 기업에 미치는 영향이 순기능적인가, 역기능적인가 여부이며, 다른 하나는 고객의 행동이 제품이나 서비스 제공 프로세스 상에 필수적이거나 정당한지 여부이다. 이 같은 기준을 통해 고객의 행동은 크게 다음과 같은 네 가지 형태로 나누어볼 수 있다.

	역할 내(in-role)	역할 외(extra-role)
순기능	참여행동 예) 비행기 탑승을 위한 수속 절차 등	시민행동 예) 건의사항 제공, 다른 고객에 대한 도움 등
역기능	불평행동 예) 환불, 사과 요청, 부정적 구전 등	불량행동 예) 기물파손, 영업장 내 난동 등

이 표에서의 '참여행동'은 우리가 일반적으로 생각하는 넓은 의미의 고객참여행동과는 구분된다. 이것은 음식점에서 음식을 주문하거나 음식 값을 지불하는 행위, 택시를 타고 행선지를 말하는 행위처럼 상품이나 서비스를 받기 위해 필수적으로 요구되는 행동들로, 이때 고객이 자신에게 요구되는 행동이나 요구사항에 적절하게 응하지 않는다면 제품이나 서비스도 성공적으로 전달되지 못한다.

이와는 달리, 단순히 제품이나 서비스를 제공받기 위한 수동적 참여행동을 초월해 기업 활동에 협조하고, 건의사항을 제공하거나 다른 고객에게 도움을 주어 궁극적으로 기업과 다른 고객에게 긍정적인 기여를 하는 행동을 '시민행동'이라고 칭한다. 얼마 전 한 신문에서 술 취한 여자 승객의 토사물을 치운 학생의 이야기가 사진과 함께 인터넷 매체에 소개되어 네티즌 사이에 화제가 된 적이 있었는데, 이 같은 행동도 시민행동의 한 예로 볼 수 있다. 다만 고객의 이러한 자발적인 행동은, 그것을 수행하지 않는다고 해서 제품이나 서비스 전달에 문제가 발생하는 것은 아니라는 점에서, 앞서 말한 참여행동과는 차이점을 가진다.

또한 표에서 제시한 역기능 측면에 등장하는 '불평행동'이란, 고객이 불만족한 상황을 변화시키기 위해 행동을 표현하는 것이다. 대표적인 예로 환불 · 교환 · 수리 등의 불만족에 대한 부정적 구전을 들 수 있다. 이는 소비에서 발생한 불만족을 사회적 수용이 가능한 합법적인 방법으로 해소하는 고객의 역할 내 행동을 뜻한다. 반면 '불량행동'은 폭력 · 기물파손 · 절도 등과 같이 기업과 다른 고객에게 직접적인 피해를 입히는 좀 더 극단적인 형태의 역할 외 행동을 의미한다.

시민행동의 영역 확장과 그 의미

앞서 살펴본 다양한 고객의 행동 가운데 시민행동은 고객이 참여를 통해 기업이 제공하는 것 이상의 가치를 창출한다는 면에서 중요한 의미를 가진다. 그럼에도 과거 시민행동은 이 같은 긍정적인 영향에도 불구하고 시간과 공간의 제약, 커뮤니케이션의 어려움 등으로 그 역할이 지극히 제한적이었다.

그러나 최근 고객에 의한 가치 창조의 중요성이 높아지고 인터넷을 중심으로 한 정보 기술이 발전하면서, 기업과 고객 사이가 더욱 가까워진 동시에, 고객 간의 활발한 의견 교환 속에 고객 개개인의 정보 전달의 속도나 범위도 확대되었다. 즉 시민행동의 영향력이 이와 함께 증대되면서 '시민행동'에 대한 기업들의 관심도 높아졌고, 이제 '시민행동'이 기업 경쟁력의 중요 부분으로까지 부각되고 있는 추세다.

특히 커뮤니티나 블로그 같은 다양한 통로들이 제품과 관련된 더욱 많은 정보를 제공하면서 이를 통해 고객들도 좀더 구체적인 요구를 가지게 되었다. 또한 이러한 요구가 쌍방향 커뮤니케이션을 통해 생산자들에게 전달되면서, 생산자들 역시 보다 낮은 비용으로 개별 고객들의 요구를 반영하는 것이 가능해졌다. 즉 시민행동은 이러한 일련의 과정을 통해 기업에는 고객과의 가치 공유를 통한 지속 가능한 발전 모델을 제시하고, 고객에게는 제품과 서비스의 생산 및 유통과 관련된 의사결정에 깊이 참여하고자 하는 욕구를 만족시켜 주고 있다. 즉 시민행동은 고객에 의해 생산된 가치가 기업에, 그리고 다시 고객에게 돌아오는 '가치 선순환 구조' 형성에 중요한 역할을 하고 있는 셈이다.

시민행동에 멍석을 깔자

그렇다면 고객의 시민행동을 적극적으로 유도하고 고객을 기업의 가치 창출 과정에 참여하도록 하려면, 어떤 노력을 기울여야 할까?

• 고객도 기업의 일부다.

가장 먼저 고객에 대한 마인드에 근본적인 변화를 주어야 한다. 이제 고객은 단순한 구매자가 아니라 공동으로 가치를 창출해 나가는 기업의 동반자다.

• 고객과 관련된 바를 지향한다.

모든 제품이나 서비스가 시민행동에 적합한 것은 아니다. 고객은 그 제품이나 서비스가 자신과 관련되어 있다고 느낄 때 시민행동을 할 가능성이 높다. 따라서 기업은 고객과 자사 제품·서비스의 관련성을 높일 수 있도록 디자인·스페셜에디션·광고·동호회·스토리텔링 기법 등을 효과적으로 활용함으로써 소비자의 감성 요구를 충족시켜야 한다.

• 고객은 즐겁게, 기업은 진지하게

고객시민행동은 단순한 소비 행위를 벗어나 자기만족이나 개성 추구와 같은 다분히 오락적인 목적과도 연관된다. 그러므로 고객시민행동을 유도할 때는 '재미'라는 요소가 중요하다. 단순한 참여 유도보다는 게임 등을 통해 즐거운 경쟁을 유발하거나, 가격할인이나 시상식 같은 인센티브가 좀더 적극적인 고객시민행동을 유도한다.

그러나 너무 재미에만 치중한 나머지 이를 일회적인 행사로 전락시켜

서는 안 될 것이다. 고객시민행동의 촉진 목표는 장기적으로 볼 때 고객과 기업이 더불어 '가치 선순환 구조'를 만들어나가는 것이다. 그리고 이처럼 고객과 기업이, 협상이 아닌 협력관계를 구축하기 위해서는 신뢰가 중요하다. 여기서 기업은 고객의 요구를 일관성 있고 진지한 자세로 받아들일 때 고객의 신뢰를 얻을 수 있다는 점을 기억해야 한다.

• 고객이 편할 수 있도록

아무리 제품이나 서비스에 애착이 있는 고객이라 해도, 고객시민행동 자체가 쉽지 않다면 이를 행하기 어렵다. 따라서 기업은 고객과의 통로를 항상 열어놓고, 제품이나 서비스에 대한 다양한 정보를 제공하고, 고객과 의사소통이 쉽고 편하게 이루어질 수 있도록 노력해야 한다. 또한 일부 불량고객, 예를 들면 인터넷상에서 고의적인 악플을 다는 사람 때문에 다수의 고객이 불편을 겪지 않도록 원활한 의사소통을 위한 안전 장치를 마련하려는 노력도 병행해야 한다.

나 잡아봐라! 가치의 공동 창조자 co-creator 프로슈머

직장생활을 시작한 지 1년 남짓 된 다니엘. 다니엘은 몇 개월 전, 직장생활 3년 차가 된 여자친구 다희에게 자신의 월급 관리를 부탁했다. 연애 기간 동안 무심히 쓰게 되는 돈을 아껴보자는 생각도 있었지만, 그보다 다희에게 자신들의 관계를 좀더 진지하게 생각하도록 만들고 싶다는 의도가 컸다. 아무래도 통장까지 맡아 관리하다 보면 관계의 흔들림도 적을 것 같고, 거기다가 반짝반짝하는 다희의 아이디어까지 얻을 수 있으니 일석이조가 아닌가? 몇 개월 지난 지금, 다희는 확실히 달라진 듯하다. 선물과 근사한 식당을 좋아하던 그녀가 이제는 과연 그것들이 둘의 장기적인 미래에 정말 필요한 것인가 고민해 결정하기 시작했고, 둘만의 기념일이나 여행을 위한 커플 통장, 그리고 결혼 후 집 장만을 위한 청약통장까지 개설했다. 그 전까지는 둘의 관계에서 늘 수동적이었던 그녀가, 이제는 자발적으로 미래와 결혼을 생각하고 거기다가 전과는 달리 알뜰하지만 알콩달콩한 데이트까지 제안하니, 다니엘은 요즘 전에 없이 행복하다.

패밀리 레스토랑 빕스는 2002년부터 고객이 제안한 메뉴를 매장에서 판매하는 제도를 시행했다. 물론 고객이 제안한 메뉴들이 실제로 메뉴판에 오르기 위해서는 온라인 고객 평가, 인터넷 투표 등 다시금 고객들의 평가를 거쳐야 한다. 이런 과정을 거쳐 매장에 등장한 스위트칠리 칩과 왕새우, 허브 마리네이드 포크스테이크의 경우, 출시 후 1개월 만에 무려 4억 원의 매출 증대를 가져왔다. 또한 빕스는 판매 수익금의 1%를 고객에게 상금으로 제공함으로써 고객에 대한 수익 환원까지 이루어냈다.

게다가 빕스는 이 메뉴 제안 제도뿐 아니라 고객으로 하여금 입점 후보지를 선정하게 하고 그것이 직접 계약까지 연결될 경우 1,000만 원의 사례금을 지급하는 행사를 시행하고 있다. 기업 입장에서는 해당 지역 상권을 잘 알고 있는 거주자의 참여를 통해 점포 개발 업무의 한계를 극복하고, 고객 입장에서는 경영에 직·간접적으로 참여해 만족감을 얻는 상부상조의 시스템인 셈이다.

스위트 칠리칩과 왕새우

허브 마리네이드 포크 스테이크

VIPs 고객제안 메뉴

전통적인 경제학 이론으로 볼 때,

기업은 언제나 제품의 가치를 생산하는 역할, 고객은 가치 창조와는 무관하게 이미 만들어진 제품을 마지막 단계에서 소비하는 역할이었다. 그러나 이제는 고객이 '이렇고 저런 제품을 만들어 달라'고 요구하고 있다. 심지어는 기획 · 생산 · 판매 · 의사결정 등 전 과정에 주도적으로 참여하고 있다. 이 시대의 고객들은 더 이상 기업이 만들어낸 제품이나 서비스를 그대로 사용하던, 우리가 익히 알고 있던 그 고객들이 아니다. 바야흐로 신문 헤드라인이나 경영 잡지에 단골로 등장하는 프로슈머(prosumer)의 시대가 열린 것이다.

프로슈머

프로슈머라는 용어는 앨빈 토플러가 그의 저서 《미래 충격》에서 처음 소개한, 생산자를 뜻하는 프로듀서(Producer)와 소비자를 뜻하는 컨슈머(Consumer)의 합성 용어다. 기업의 제품 개발과 유통과정 등에 참여하는 생산자적 기능을 수행하는 소비자를 뜻하며, 소비자를 먼저 지칭하여 컨듀서(Consumer+Producer)라고도 일컫는다.

이처럼 고객 참여를 통한 기업 생산성 증대와 고객만족 · 충성도 향상과 관련된 연구가 처음 시작된 것은 1970년대다. 당시에는 외부 환경의 제약 때문에 다른 업종보다는 서비스 업종을 중심으로 자발적 고객(partial employee)을 활용하고자 하는 움직임이 생겨났다. 이들은 높은 자발성으로 종업원화된 고객들이었는데, 예를 들면 병원에 입원한 지 오래된 환자가 새로 들어온 환자에게 병원 규정 및 검사 절차, 검사실 및 편의시설 위치 등을 알려주고 병원 생활에 쉽게 적응할 수 있도록 도와주는 행동 등이었다.

그리고 이후 고객만족이 경영 최우선 과제로 꼽히기 시작되면서 기업들 내에 'OO 체험단', 'OO 모니터' 등의 고객참여제도가 속속 만들어졌다. 그러나 과거에는 이것이 한정적 업종에서 주기적으로 고객만족도를 체크하는 수준이었다면, 지금은 업종에 제한 없이 제품 기획 · 디자인 · 테스트 등 모든 방면에서 고객을 적극 활용하는 분위기가 대세다. LG싸이언의 경우, 신제품 초콜릿폰 개발 때 50명의 싸이언 프로슈머가 참여해 제품 개발 과정에 1,000여 건의 아이디어를 제시함으로써 제품의 성공에 일조했다. 우리홈쇼핑의 경우도 주부로 구성된 신상품 운영위원회가 고객이 원하는 중소기업 상품 발굴에 참여하고 있으며, 공기청정 업체인 청풍은 화장실용 공기청정 칫솔 살균기를 체험 고객단에게 제공하고 한 달 이상 사용하도록 한 뒤 외부 공기와의 접촉 문제를 지적하는 고객경험을 반영해 최종 제품 개발에 성공했다.

그렇다면 이처럼 프로슈머가 폭발적으로 등장하게 된 배경은 무엇일까?

첫째는 우리 주변을 둘러싼 디지털 환경과 그 부산물인 네트워크의 발달, 둘째로는 이를 기반으로 한 풍부한 제품 · 시장 지식을 가진 똑똑한 고객의 증가, 마지막으로 고객의 요구에 대해 맞춤형 대량 생산을 할 수 있게 된 기업의 능력, 이 세 가지가 합쳐진 결과라고 할 수 있다.

고객이 주도하는 가치 창조

더 넓은 의미에서 보면 고객 참여는 비단 제품 생산 과정뿐 아니라 생산된 제품을 소비하는 과정에서도 이루어진다. 주어진 제품을 주어진 방법대로 사용하는 대신 적극적으로 변형·개조 또는 다양화함으로써, 자신들만의 그리고 어디 다른 고객들과 함께 할 수 있는 독특한 경험을 만들어내 가치를 부여하는 것이다.

인터넷이 열어준 정보의 바다는 고객으로 하여금 구매기 및 사용기를 쉽게 접할 수 있도록 해주었고 고객 간의 정보교환까지 원활하게 해 줌으로써 고객들이 원하는 무기인 '정보'를 주었다. 기존에는 기업이 독점해 왔던 정보의 저울을 고객 편으로 기울인 것이다.

결국 고객은 싸이월드를 비롯한 블로그, 인터넷 커뮤니티 등에서 음식점에서부터 제품 사용 후기, 재미있는 연극·영화, 가볼 만한 여행지, 새로 나온 신상품에 대한 자신의 체험을 나누고, 거두어들인다. 또한 과거에는 주가나 시장 정보 등이 증권 브로커들만의 독점이었다면 현재는 인터넷 사이트를 통해 누구에게나 공개되어 기업을 평가하는 데 활용되기도 한다. 더 나아가 기업이 독점했던 제품 가격 책정도 이제는 가격 비교 정보, 옥션 시스템 등을 통해 고객이 원하는 가격으로 책정할 수 있게 되었다.

심지어는 기업들도 인터넷에 올라온 사용 후기를 통해 미처 깨닫지 못했던 자사의 제품 특징이나 문제점 등을 발견한다. 이는 정보 접근 및 교환에서 기업의 통제력은 감소하고 고객의 통제력은 증가하고 있음을 보여준다. 고객들이 더 이상 과거같지 않은 지금, 제품의 단점을 감춘 채 광고를 통해서만 제품을 판매하던 시대는 이미 지나갔다.

현대자동차의 경우 2005년 8월 연료공급장치 불량으로 갑자기 시동이 꺼지는 현상 때문에 NF소나타 LPG차량 1만 6,000여 대를 리콜했는데, 이때도 역시 고객의 입김이 컸다. 인터넷에서 활동중인 NF소나타 LPG동호회가 연료공급장치 불량 사실을 끊임없이 제기하고 이 사실이 일반 고객에게까지 확대되면서 회사 또한 이 의견을 수용해 실제 리콜을 결정한 것이다. 즉 요즘 고객들은 제품평가단으로서 기업 생산 활동에 간접적으로 참여하는 수준을 넘어, 동호회 같은 커뮤니티 활동을 통해 제품의 문제점을 제기하고, 한 발 더 나아가 제품 리콜을 요구할 정도로 위상이 높아졌다.

그런가 하면 미국 시스코의 경우는 이를 역으로 이용하여, 정보를 원하는 고객들의 접근을 허용하고 고객 간 정보교환을 적극 권장해 각각의 고객들이 처한 문제 해결(벌레 퇴치 방법)을 꾀하는 새로운 가치 창조의 방법을 도입했다.

또한 더 나아가 요즘 인터넷 업계에서는 사용자 제작 콘텐츠(User Created Contents : UCC)가 새로운 화두로 대두되고 있다. UCC는 드라마의 결말에 시청자들의 의견을 적극 반영해 비극이었던 스토리가 해피엔딩으로 바뀌는 것부터 시작해, 고객이 직접 제작한 동영상 콘텐츠가 방송을 타고 여론에 영향을 주는 방식으로 나타나기도 한다. 일례로 SKT의 '신생활백서' 광고에는 광고 콘셉트가 말하는 상황을 몸소 경험한 고객들이 자신들의 일화를 직접 제작해 광고에 출현하기도 했다. 또한 동영상 커뮤니티인 풀빵닷컴, 엠군, 야미, 유튜브 등을 살펴보면 네티즌의 관심을 기다리는 어마어마한 양의 동영상 DB가 구축되어 있음을 알 수 있다. 즉 오늘날의 고객들은 인터넷상에서 정보를 얻고 공유하는 것을 넘어, 스스로 참여하여 콘텐츠를 만들어내고 나름의 시장까지 형성하고 있다.

고객이 주도하는 가치창조, UCC _풀빵닷컴

새로운 마케팅 기회의 발견

기업은 이제 능동적인 참여 고객을 적극적으로 수용해 그들을 기업의 편으로 만들어야 한다. 시스코의 예에서처럼 고객의 참여는 기업에도 호재로 작용하기 때문이다. 또한 지금은 과거와 비교도 할 수 없을 정도로 기업과 고객 간의 상호작용이 늘어났는데, 이를 통해 기업도 고객들이 진정으로 원하는 것이 무엇인가를 파악하여 고객만족을 높여주고, 기업과 제품에 대한 고객 관여도를 제고하는 일이 가능해졌다. 게다가 고객 자신이 직접 참여해 아이디어를 내고 개선점을 지적할 경우, 그 제품에 대한 선호도 및 애착감이 늘어나는 이른바 소유 효과(endowment effect)가 발생해 그 고객이 다른 기업이나 제품으로 옮겨가는 불상사도 애초에 방지할 수 있다.

뿐만 아니라, 고객의 자발적 참여로 시장 정보 획득이 쉬워지고, 과거 큰 비용을 지불했던 시장 조사나 광고 비용이 감소하면서 전반적인 비용 감소 효과도 이룩할 수 있다. 그리고 무엇보다 중요한 것은 생각지도 못했던 고객의 아이디어 속에서 새로운 마케팅 기회를 발견할 수 있다는 점이다. 이를 잘 활용하는 기업 중 하나가 아이리버다. 아이리버는 현재 고객들이 적극적으로 게시판에 올리는 제품 불만이나 새로운 기능 제안 등을 참고해 고객의 요구를 반영한 신제품을 발 빠르게 출시하고 있다.

기업 고객의 생산 참여가 매출에 미치는 효과

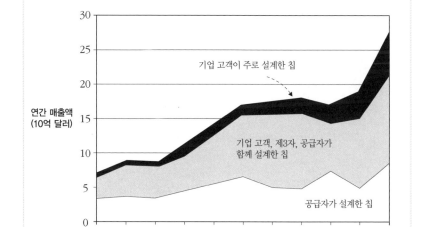

• 출처 : *Thomke and von Hippel(2002)*, '*Customers as Innovators A New Way to Create Value*', *Harvard Business Review, 80(4)*.

일반 고객이 아닌 기업 고객을 대상으로 하는 B2B의 경우에도 고객 참여가 제품 성능을 향상시키고 있다. 반도체 칩을 생산하는 제조업자의 경우, 칩 사용자인 기업 고객의 의견을 적극 반영해 맞춤형 반도체 칩을 생산함으로써 공급자 주도형 제품 개발 방식에 비해 높은 성과를 이루어 낼 수 있다.

또한 통신사 광고뿐 아니라 정규 방송인 KBS, MBC 등이 시청자 동영상을 모집하고 있는 지금의 상황에서도 알 수 있듯이, 이제 고객은 끊임없이 바뀌고 발전하고 있다. 즉 기업 입장에서는 이에 상응하는 적절한 대응이 필요한 시점이다.

고객창조가치가 중심이 되는 새로운 시장, 그 흐름을 놓치지 말라!

나눌수록 커지는 신기한 공식
커뮤니티

친구의 소개로 강희를 만난 준기. 대화 중 우연히 두 사람 다 제빵 · 제과에 관심이 많다는 사실을 알게 된다. 준기는 강희에게 자신이 속한 요리 동호회를 소개하고, 동호회에 가입한 강희는 그곳에서 많은 정보와 사람들을 만나게 되면서 준기에게 고마운 마음을 가지게 된다. 뿐만 아니라 자신이 만든 빵과 과자에 대한 준기의 조언을 듣고 더 맛있는 빵을 만들게 되면서, 자신의 취미를 발전적인 방향으로 이끌어준 준기와의 관계에 대해서도 깊이 생각하게 되었다.

"같은 취미에 대한 정보와 인간관계를 함께 공유하게 되니까, 내 취미도 발전하는 것 같고, 준기와의 사이도 돈독해지는 것 같고……. 나눌 수 있는 무언가가 있고 공간이 있으니 여러모로 좋은 것 같아. 오랜만에 좋은 사람을 만난 것 같아 너무 기뻐."

모일수록 행복해지는 사람들

왕의 남자 까페 _희락원

1,000만 관객을 돌파하면서 한국 영화 역대 최고의 흥행 기록을 달성한 영화 〈왕의 남자〉를 기억하는가? 제작진의 인터뷰를 보면, 그들의 성공에 견인차 역할을 해준 이들을 언급할 때 꼭 빼놓지 않는 집단이 있다. 바로 영화 개봉 전부터 영화에 대한 사랑을 아낌없이 보여주었던 관객들의 온라인 커뮤니티 〈왕의 남자〉 카페다.

그런가 하면 MP3플레이어의 1위 기업인 아이리버의 성공 스토리에도 빠지지 않고 등장하는 조력자들이 있다. 아이리버 홈페이지에서 적극적인 제품 개선 의견을 개진해 온 아이리버 유저 커뮤니티의 자발적 모니터 요원들이다.

이처럼 기업이 내놓은 제품과 서비스의 성패에 큰 영향력을 행사하는, 달리 말해 성공을 위해서는 반드시 챙겨야 하는 집단은 온라인 커뮤니티다.

과연 그들은 누구이며, 무엇을 하고, 어떻게 기업의 성공과 실패, 그리고 창조 작업에 관여하고 있는가?

커뮤니티의 사전적 정의는 '공동체 혹은 지역사회'를 의미한다. 이 용어는 간단한 정의에 비해 적용 범위는 매우 다양한데, 사회학에서는 이를 대개 두 가지 면으로 해석한다. 첫째는 사회 조직체로서 공간적·지역적 단위를 가리키며, 둘째 이러한 단위와 관련되는 심리학적인 결합성 또는 소속감을 지칭한다. 전자의 경우는 특히 사회 집단의 특성을 많이 내포하지만 규모는 작고 공통적 관심사들이 비교적 밀착되어 있는 하위 집단을 말하며, 이 커뮤니티의 개념에는 영토적인 영역, 상당한 개인 간의 친숙함과 접촉, 그리고 이것을 인근 집단과 구별해 주는 특별한 종합의 기반 등의 뜻이 함축되어 있다. 그러나 이 같은 정의와 해석과는 관계 없이, 오늘날 커뮤니티라는 용어는 '온라인상에 존재하는 같은 관심사나 특징을 가진 사람들의 모임'으로 해석되고 있다. 기업들은 이 커뮤니티를 '기업의 제품과 서비스에 대해 다양한 정보를 공유하며 의견을 선도하는, 제품과 서비스의 성패에 영향을 미치는 소비자 집단'으로 이해하고 있다.

그들은 어떤 모습으로 모여 있는가

온라인 커뮤니티는 근 10년간 다양한 주제와 형태로 발전해 왔다. 따라서 종류에 따라 그 성격이나 활동에 큰 차이를 보인다. 이들의 차이를 이해하기 위해서는 커뮤니티를 여러 가지 관점에서 분류해 볼 필요가 있는데, 먼저 구성 목적에 따라 크게 관계 유지와 관심사 공유로 나눠볼 수 있다.

관계 유지를 목적으로 구성된 대표적인 커뮤니티는 온라인 동창 모임, 지인 모임 등으로 오프라인에서 존재하는 커뮤니티를 온라인으로 옮겨온 형태다. 이 커뮤니티들은 오프라인에서 유지해 오 하여 · 지연 같은 인맥들과 온라인을 통해 시간 및 공간의 제약을 넘어선 의사소통을 한다. 또한 집단 구성원들 간의 관계를 지속 · 발전시키고자 하는 목적으로 구성되었으며, 현재 각종 포털 사이트의 커뮤니티 기능을 통해 발전해 왔다. 이들의 특징은 이미 오프라인에서 일어나고 있던 상호작용을 온라인 채널로 옮겨왔다는 데 있다. 그 기반이 오프라인에 있기 때문에 다른 온라인 커뮤니티에 비해 폐쇄적이고 한정적인 인간관계를 추구한다. 따라서 이들이 교환하는 정보나 관심사는 구성원들 간의 '관계'에만 초점을 맞춘 경우가 대부분이며 오프라인의 커뮤니티와 동일한 성격을 가지고 있기 때문에 일반적으로 온라인상에서 흔히 볼 수 있는 빠른 속도의 정보 공유나 구전 확산을 기대하기 어렵다.

구성 목적에 따른 두 번째 커뮤니티 유형은 관심사 공유를 목적으로 하는 커뮤니티들이다. 온라인 커뮤니티 대부분이 여기에 해당되며, 관계 유지를 목적으로 구성된 커뮤니티들에 비해 활성화되어 있다. 음악이나 레포츠 활동과 같은 취미 생활부터 결혼 · 육아 · 취업 같은 일상의 문제들, 환경 · 정치 같은 사회적 문제들, 연예인이나 특정 드라마, 영화와 같은 엔터테인먼트 콘텐츠, 그리고 특정 브랜드의 특정 제품에 이르기까지 공유하고자 하는 관심사의 수와 종류가 무척 다양하다. 아울러 그 다양한 관심사만큼이나 많은 커뮤니티들이 온라인 세상 속에 존재한다. 이들은 대부분 공동의 관심사를 가진 사람들에게 늘 열려 있는 형태로 운영되며, 커뮤니티 내 구성원 간의 관계보다는 그들을 한곳에 모이도록 한 공동의 관심사에 관한 정보를 공유하고 확산시켜, 이를 통해 새로운 가치들은 찾아내는 일에 집중한다. 따라서 그 어떤 집단보다 더 많은 정보 공유와 더 적극적인 구전이 여기서 발생하는 동시에, 관계 중심의 폐쇄적이고 제한적인 커뮤니티들과 달리 누구에게나 열려 있다는 점에서 가치의 창출과 확산에도 용이하다.

이 두 부류의 커뮤니티들이 가지는 차이 중 하나는, 오프라인과 온라인이 커뮤니티 활동에 어떤 영향을 미치는가다. 관계 중심 커뮤니티들은 대다수 온라인을 오프라인에 존재하는 관계를 유지, 활성화시키는 수단으로 활용한다. 그에 비해 관심사 중심의 커뮤니티는 오프라인에서의 만남을 온라인에서 생성된 관계를 돈독히 하는 수단으로 활용한다. 경우에 따라서는 반대로 행하는 커뮤니티들도 있지만, 많은 커뮤니티들이 위와 같은 맥락에서 활동을 이뤄가고 있다.

그렇다면 다시 본론으로 돌아와, 커뮤니티를 분류하는 두 번째 기준으로 커뮤니티의 구성 주체를 들 수 있다. 초기의 커뮤니티들은 대부분 관계나 관심사를 공유하는 소수의 사람들을 중심으로 하는 자발적 집단의 형태였다. 이들은 온라인 혹은 오프라인에 공동의 주제를 공유할 장을 열고 이를 함께 나눌 사람들을 모집함으로써 커뮤니티를 확대한다. 현재 온라인상에 존재하는 대부분의 커뮤니티들이 이 같은 형태라고 볼 수 있는데, 이들은 자발적 집단인 만큼 정보를 수집, 공유, 구전하는 모든 활동을 커뮤니티 구성원들의 적극적인 활동에 의존한다. 그리고 커뮤니티가 그 홈페이지와 서버를 운영하거나 커뮤니티 내의 룰을 세우고 유지하는 관리 업무까지 책임진다. 이러한 커뮤니티들은 적극적인 일부 열혈 참여자들과 그보다 훨씬 많은 수의 소극적 참여자들로 구성되어 있는데, 적극적인 참여자의 수가 많을수록 그 커뮤니티의 규모나 커뮤니티가 창출해 내는 가치도 커지며, 소극적 참여자들의 경우는 새로운 가치 창출보다는 여기서 얻은 정보를 옮기는 구전 활동의 역할을 담당하게 된다. 즉 커뮤니티의 성장과 유지는 커뮤니티의 참여자들의 적극성과 숫자에 달려 있다고 볼 수 있으며, 커뮤니티가 클수록 그들이 기업 활동에 미치는 영향력 또한 커지게 된다.

여기서 주목해야 할 점은, 기업 또한 소수의 자발적 참여자로부터 시작된 커뮤니티와 구분되는 또 하나의 커뮤니티 구성 주체라는 점이다. 고객들의 자발적 참여가 일궈낸 커뮤니티들이 기업 활동에 미치는 영향력이 확대되면서, 많은 기업들은 큰 가치를 교환할 수 있는 이 고객 집단에 개입하고자 노력했고, 이러한 노력은 고객들이 구성해 놓은 커뮤니티를 지원하는 형태에서 시작해 그들 스스로 커뮤니티를 구성하고 그 안으로 고객들을 끌어 모으는 형태로까지 발전하게 되었다. 기업은 고객들이 모여 기업의 제품과 서비스에 대해 정보를 공유하고 가치를 창출할 수 있는 장을 만들어 주고, 고객들이 관심 있어 할 만한 정보들을 제공해 고객들을 끌어 모은다. 또한 활발하고 적극적인 정보를 공유하고 가치를 창출할 때 그에 상응하는 인센티브를 제공하고 커뮤니티 운영에 관한 기술적인 문제들을 해결해 줌으로써, 그 안에 모인 고객들이 혜택을 누리면서 보다 손쉽게 커뮤니티 활동을 할 수 있도록 활성화 기반을 마련해 주고 있다.

이렇게 구성된 커뮤니티들은 자발적 참여에 의해 형성된 커뮤니티들과 구성원의 활동에는 큰 차이가 없지만, 그들을 통해 고객 반응이나 고객가치에 좀더 쉽게 접근할 수 있다는 점에서 기업에 많은 혜택을 주고 있으며, 이를 인식한 기업들도 현재 이러한 커뮤니티 구성에 많은 지원을 투자하고 있다. 예를 들어 스카이나 애니콜의 고객 커뮤니티, 현대자동차가 지원하는 자사 브랜드 자동차 동호회 같은 선도적인 커뮤니티는 물론, 이제 거의 대부분의 기업들이 자사의 홈페이지나 포털 사이트 에 고객들이 활동할 수 있는 장을 마련하고 긍정적인 영향력을 행사하는 고객 집단을 유치하고자 많은 노력을 기울이고 있다.

그런가 하면, 이렇게 자발적 소수나 기업을 통해 형성된 커뮤니티 외에도 최근 새로운 형태로 그 가치가 대두되고 있는 1인 미디어 커뮤니티도 주목할 만하다. 블로그나 개인 홈페이지의 형태로 운영되는 1인 미디어는 운영자가 스스로 관심 있는 정보를 모아두고 그에 대한 자신의 의견을 정리해 놓은, 말 그대로 한 사람에 의한 공간이다. 그리고 특정 주제에 대한 다양한 정보와 이에 대한 지식 수준이 높은 개인의 공간이 온라인 속에서 노출되면서 같은 주제에 관심을 가진 사람들이 이 공간에 모여 정보를 습득하고 댓글 형태로 추가적인 정보를 제공하거나 토론을 벌이기도 한다. 또한 많은 네티즌들이 여러 형태로 운영자가 창출한 가치를 다른 곳에 전파함으로써 1인 미디어가 커뮤니티로서의 기능을 가질 수 있도록 유도하고 있다.

　물론 1인 미디어는 접속자들 간의 상호작용만 보면 일반 커뮤니티와 비교할 수 없지만, 해당 주제에 대한 운영자의 정보와 지식의 전문성에 대한 참여자들의 동의가 이루어진 상태라 존재하는 콘텐츠들도 다른 곳의 콘텐츠들보다 더 큰 신뢰성과 영향력을 참여자들에게 행사한다. 바로 이 점에서 기업들도 1인 미디어에 대한 관심을 늦추지 말아야 할 것이다.

모임이 만들어내는 가치

　다양한 주제, 다양한 모습으로 존재하는 무수히 많은 커뮤니티들, 그리고 그 안에서 상호작용을 하고 있는 이들은 과연 어떤 활동들을 통해 고객에 의한 가치를 창출하고 있을까? 커뮤니티에서 가장 많이 일어나고 있는 고객에 의한 가치 창출 활동은 바로 가치의 확산이다. 커뮤니티에 모인 사람들은 공통의 관심사에 대한 다양한 정보를 수집해 한곳에 모은다. 이렇게 모인 정보들은 모은 사람의 수백 배 혹은 수만 배 많은 인터넷 이용자들에게 노출되고, 그들이 또다시 그 정보를 다른 공간 혹은 사람에게 전달하거나, 여기에 관련된 새로운 정보를 추가함으로써 정보의 가치를 높이고 정보 안에 담긴 제품과 서비스의 가치까지 전파시킨다.

　휴대전화 사용자 커뮤니티인 세티즌(Cetizen)의 경우, 휴대전화와 관련된 다양한 일반 정보와 심도 있는 리뷰 글들이 모여 있고, 접속자들도 여기서 습득한 정보를 바탕으로 어떤 회사의 어떤 제품이 어떤 기능과 특징을 가지는지 각각의 장단점은 무엇인지 파악함으로써 그 제품의 가치를 인식한다. 이렇게 파악된 가치는 제품의 구매 의사결정에 영향을 미칠 뿐만 아니라, 다른 사람에게의 구전을 자극하기도 한다.

이처럼 커뮤니티에 모인 고객들은 적극적으로 혹은 소극적으로 가치의 확산에 참여하게 되는데, 이때 고객들이 확산시키는 가치에는 기업이 제공한 제품이나 서비스에 대한 가치뿐 아니라 커뮤니티의 적극적인 가치 창출자들에 의해 새롭게 추가되거나 만들어진 가치들도 포함된다. 따라서 커뮤니티 참여자들의 가치 확산 활동은 가장 소극적인 형태의 고객에 의한 가치 창출 활동인 반면, 더 많은 사람들이 가치를 공유하고 이로 인해 또 다른 가치가 창출되도록 유도하는 근간 활동이기도 하다.

커뮤니티에서 일어나고 있는 두 번째 고객에 의한 가치 창출 활동은 바로 가치의 추가다. 커뮤니티 참여자들은 기업이 제공하는 제품과 서비스를 보다 잘 활용해 더 큰 가치를 누릴 수 있는 다양한 방법들을 제시함으로써 기존 제품과 서비스에 가치를 추가한다. 자동차동호회의 구성원들은 자신들의 자동차를 더 편리하게 혹은 더 멋지게 사용할 수 있도록 차량의 시트를 조절하거나 균형감을 향상시킬 수 있는 DIY(Do It Yourself) 방법을 연구해 이를 커뮤니티 구성원들과 공유함으로써, 자동차가 본래 가진 가치에 추가된 가치를 제공한다.

어떤 드라마 시청자들은 자기가 좋아하는 드라마의 콘텐츠를 활용하여 다양한 멀티미디어 창작물이나 감상문 등 드라마를 더욱 재미있게 즐길 수 있는 콘텐츠들을 만들어 다른 시청자들에게 드라마가 주는 이상의 가치를 누릴 수 있게 도와준다. 드라마 〈다모〉의 열혈 시청자인 '다모 페인' 들은 드라마의 감상평은 물론, 〈다모〉 콘텐츠를 이용한 뮤직비디오 · 그림 · 패러디 콘텐츠 · 만화 · 소설 등을 제작해 더 많은 시청자들이 이 드라마의 감동을 다른 콘텐츠에서 느낄 수 있도록 했으며, 이 작품들 중 일부는 방송 후 제작된 다모의 DVD에 실려 제품의 가치를 직접적으로 높이는 역할을 담당하기도 했다.

이외에도 〈왕의 남자〉 카페의 그림과 시조, 드라마 〈대장금〉의 '궁녀 센스' 같은 커뮤니티의 구성원들이 적극적인 참여로 만들어낸 가치들도 제품이 가진 가치를 향상시켜 제품의 반복 구매나 더 큰 만족을 유도하고 있다.

마지막으로 커뮤니티에서 일어나는 고객에 의한 가치 창출 활동은, 가치 창조를 의미한다. 가치 창조는 가치 추가에서 한 발 더 나아간 것으로, 커뮤니티의 참여자에 의해 생성된 가치가 제품과 서비스의 가치를 높이는 수준을 넘어, 이를 통해 기존의 제품과 서비스와는 전혀 다른 새로운 제품이나 서비스가 생겨나는 것을 뜻한다. 예를 들어 아이리버는 사용자 커뮤니티에 올라온 구성원들의 의견을 기존 제품의 성능을 개선하는 데 사용하는 것에 멈추지 않고 이를 디자인 요소나 성능에까지 반영해 완전히 새로운 제품을 만들어내는 등 고객에 의해 창조된 가치를 활용했다. 〈다모〉의 이재규 감독은 '다모폐인'인 한 시청자가 커뮤니티에 작성해 놓은 소설을 바탕으로 다모와는 전혀 별개인 〈나비〉라는 단막극 드라마를 제작하기도 했다. 또 고객들이 영화나 드라마의 촬영지를 찾아다니며 그 장소들에 대한 감상을 커뮤니티에 올려 공유하면서, 촬영지 여행상품처럼 영화나 드라마와 상관없이 개별적인 가치를 가지는 새로운 서비스가 탄생하기도 했다.

이처럼 고객에 의해 창조되는 가치들은 지금까지 모르고 있던 새로운 가치를 찾을 수 있는 실마리를 기업들에 제공하며, 이제 커뮤니티는고객에 의해 가치가 추가되고, 창조되고, 확산되는, 기업이 간과할 수 없는 매우 중요한 영향력을 가진 장(場)으로 확실히 자리매김하게 되었다. 따라서 고객에 의해 창조되는 가치를 원하는 기업, 고객의 가치를 알고 고객에게 더 많은 가치를 제공해 더욱 가치 있는 기업이 되길 바라는 기업이라면, 이제 모든 활동의 가장 근간이 되는 고객이 모여 있는 커뮤니티 공간에 보다 적극적인 관심과 노력을 기울여야 할 것이다.

고객의 진심이 기업을 향할 때
러브마크 Love Mark

1년간의 달콤한 연애를 뒤로 하고 군대에 온 현빈이. 요즘 부쩍 뜸한 다희의 편지에 마음이 싱숭생숭하다. 군 생활도 어려워지고 우울 모드로 돌입해 선임병이나 후임병과의 생활도 원만치 않다. 군대에 오기 전에는 데이트 코스 잡기 , 기념일 챙기기, 깜짝 이벤트 등 이 모두가 현빈이 몫이었다. 때문에 군대에 온 뒤로 다희를 잘 챙겨주지 못하게 된 현빈이는 늘 마음이 불편했다. 몇 달 간의 고민 끝에 결국 현빈이는 다희에게 '오크나무에 노란리본을 달아주세요(Tie a yellow ribbon round the old oak tree)' 노래에 나오는 가사를 적은 편지를 보냈다. "만약 마음이 변치 않았다면 사랑의 징표로 오크 나무에 노란 리본을 달아주세요(If you still want me. Tie a yellow ribbon round the old oak tree)"라고 말이다.

며칠 후, 다희로부터 500일 기념 축하 편지가 도착했다. 흰 편지지에 선명한 다희의 키스마크, 그리고 직접 짠 스웨터도 함께였다. 깜짝 놀라게 해주려고 그 동안 무심한 척했단다. 다희의 편지 한 통에 감동받고 힘을 얻은 현빈이는 군대 체육대회에서 1등을 했고, 이제 다음달 즐거운 2박 3일 휴가를 기다리고 있다.

자, 일반 고객 입장으로 돌아가 생각해 보자.

왠지 마음이 끌리고, 사용하거나 가지게 되면 기분 좋고 행복한, 계속 곁에 두고 싶은, 그래서 나도 모르게 찾아다니게 되는, 그런 브랜드가 있는가?

아래 빈 칸에 적어보자.

몇 개를 적었는가? 2~3개?

그 브랜드들에 대한 당신의 감정은 어떤가?

그 브랜드가 없어진다면 어떤 기분이 들 것 같은가? 허전하고 가슴 한구석이 빈 것 같고, 속상하고, 그 브랜드를 없앤 기업에 화가 나는가?

그렇다면 그 브랜드는 당신의 '러브마크' 다.

우리는 일상을 통해 잘 알고 있다. 일방적인 짝사랑이나 외사랑은 오래 가기 힘들다는 것을 말이다. 기업ㆍ제품ㆍ브랜드에 이성적으로 설명할 수 없는 그 이상의 가치를 부여하고 싶은가?

그렇다면 고객의 가슴에 사랑을 심어주어라. 기업의 고객에 대한 일방적 사랑이 아닌, 기업도 고객에게 그만큼의 사랑을 받아야 하지 않겠는가?

"고객의 사랑이야말로 애니콜을 세계적인 프리미엄 브랜드로 인정받도록 해준 최고의 원동력이다."
_삼성전자 정보통신총괄, 이기태 사장

고객의 사랑 공세

'우리 기업을 사랑해 주었으면' 하고 바라는 고객들, 그들은 지금 어떤 상황에 있는가? 그들의 목소리는 과거에 비해 확실히 커졌고, 이제 그들은 필요로 하는 제품이나 서비스에서 디자인 · 품질 · 가격 · 효용성 등 모든 부문을 원하는 대로 얻을 수 있게 되었다.

그렇다면 그 고객들을 둘러싸고 있는 주변 상황은 어떠한가? TV · 인터넷 · 신문 등 각종 매체를 통해, 그리고 거리를 걷는 것만으로도, 또는 슈퍼마켓이나 편의점에 들러 물건을 사는 것만으로도, 고객들은 수많은 정보와 수많은 브랜드의 홍수 속에 내몰린다. 그만큼 고객에게 가까이 가는 길도 멀고 험해졌으며, 이런 고객들을 우리 기업과 제품, 그리고 브랜드로 유도하는 것이 바로 러브마크다.

2005년, 케빈 로버츠는 러브마크야말로 브랜드의 미래라고 주장했다. 그런데 이 러브마크는 제조업체나 생산자 또는 기업의 소유물이 아니다. 즉 고객에게 제품이나 브랜드에 대한 사랑을 강요할 수 없듯이, 러브마크도 그 러브마크를 사랑하는 사람들이 만들고 소유한다. 그리고 그러한 고객의 사랑은 상상하는 것 이상의 가치를 이끌어낸다.

사랑에 빠진 고객, 마니아

우리가 '마니아'라고 부르는 이들은 어떤 사람들일까?

어떤 종류의 제품이나 브랜드 등에 푹 빠져 그 제품을 계속 사 모으고, 계속 업그레이드해 사용하고, 새로운 버전이 나오면 무조건 처음 사용해 봐야 하고, 약점이 발견되면 가슴 아파하고, 장점이 발견되면 내 일처럼 기뻐하는 그들. 얼핏 그들의 행동에는 이해하기 힘든 구석이 있다. 이들의 행동에도 팬 · 마니아 · 오타쿠 등의 단계가 존재하는데, 언뜻 연인들이 사랑에 점차 빠져드는 모습과 흡사하다.

팬은 가벼운 중독 단계로 열광하는 사람들을 말한다. 보기만 해도 좋고, 사서 모으고, 방에 도배를 하는 등 그 제품이나 브랜드만 사용한다. 더 나아가 마니아는 열광하는 동시에 집중력을 가지고 열중하는 사람을 말한다. 왜 좋은가 물어보면 자기 나름의 기준을 말할 수 있는 사람들이다. 또 내가 좋아하는 제품과 브랜드를 위해 경쟁 브랜드를 사용해 보고, 자기가 좋아하는 브랜드의 우수성을 널리 알리기도 하며, 어느 정도 경제적 희생을 치르더라도 그 제품 · 브랜드에 몰입한다. 오타쿠는 '이상한 것을 연구하는 사람'이라는 다소 부정적인 이미지가 있지만, 여기서는 특정 제품이나 브랜드에 대해 전문가 수준의 비평가적 시각까지 가진 사람을 말한다. 일례로, 스타크래프트 게임 마니아였다가 이윽고 스타크래프트에 관한 소설을 쓰는 식이다.

그 명칭이 무엇이건, 그렇다면 사랑에 빠진 고객들은 과연 어떤 역할을 하는가?

뮤지컬 〈헤드윅〉은 공연을 통해, 한 배우의 팬이 아니라 작품 자체의 마니아를 만들어낸 이례적인 사례다. 기획사가 혹시나 하는 생각에 공연을 10번 보면 한 번 더 보여주는 프로그램을 시행했더니 70명이나 이 프로그램에 참여했다. 이들은 공연 관람뿐 아니라, 겨울에 공연장 트리도 꾸미고, 마케팅 아이디어도 내고, 헤드윅과 관련된 부대 행사나 이벤트도 직접 만드는 등 공연의 가치를 더하는 데 큰 몫을 했다.

박찬욱 표 마니아들은 〈올드보이〉 이후 개봉된 〈친절한 금자씨〉에 대해서도, 개봉 전 인터넷 등에 입소문을 퍼뜨리는 등 초기 붐을 형성함으로써, 이 〈친절한 금자씨〉를 왠지 꼭 봐야 할 것 같은 영화로 만들었다.

축구 국가대표팀 서포터즈 클럽 붉은악마를 보자. 그들의 열정은 2002 월드컵 'Be the Reds'에 이어 2006 'Reds, Go Together'로 나타났고, 경기가 있을 때마다 온 국민을 붉은 물결에 몸을 던지게 하는 기폭제가 되었다. 디지털 카메라가 대세인 요즘 구소련 KGB가 개발한 아날로그 카메라 로모(LOMO)는 세계 각국 사용자들의 커뮤니티 모임 결성과 함께 로모족, 로모그래퍼라는 마니아를 만들어냈다. 이들은 생산 중단에 처해 있던 로모의 맥을 살려냈고, 1명이 하루에 고작 1개를 만든다는 로모만의 핸드메이드 희소성을 부각시켰다. 더 나아가 로모로 찍은 사진으로 로모월(lomowall : 로모 사진만으로 가득 채운 벽)을 만드는 등의 행사를 통해 로모와 로모 사용자만의 독특한 문화까지 형성했다.

이처럼 개인·소수 모임의 마니아들을 집단 마니아로 끌어올리는 데

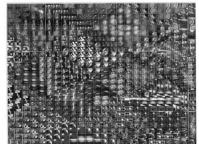

로모 카메라와 로모로 찍은 사진으로 만들어진 로모월 _로모 코리아

큰 역할을 한 것이 다름 아닌 인터넷이다. 그들은 오프라인뿐 아니라 온라인에서도 커뮤니티를 만들어 그들의 사랑을 표현한다. 현재 사용자가 자발적으로 만드는 브랜드 커뮤니티는 셀 수 없을 정도로 많으며, 이들은 "ㅇㅇ를 사랑하는 사람들의 모임", "ㅇㅇ브랜드 마니아" 등의 이름으로 개설되어 있다. 이들 대부분은 전문가가 운영하는 것이 아니기 때문에, 누구든 쉽게 개설하고 접속 가능하다는 장점이 있다. 그렇다면 지금부터 브랜드에 대한 자신의 사랑과 애정을 표현하는 브랜드 마니아들이 모인 곳을 찾아가 보자.

스카이를 사랑하는 사람들의 모임 '스사모'는 운영진만도 해도 상당수고 고객의 참여율도 높다. 이에 기업체는 스사모에 재정적인 지원은 하지 않고 있으나 시제품이 나오면 이곳 회원들에게 먼저 사용해 볼 수 있는 권한을 준다. 회원들 또한 자신의 사용 경험을 상품 개선에 적극 개진함으로써 자신이 사랑하는 브랜드의 가치를 높이고 있다. 이와 유사하게 애니콜랜드의 '마니아클럽' 또한 사용자들이 자발적으로 운영하고 있는 커뮤니티로 많은 회원들이 나름의 가치 창조에 일조하고 있다.

주체할 수 있는 고객의 사랑

기업 입장에서 볼 때 마니아는, 새로운 시장 형성의 주도층 또는 구전 매체로 적극 활용할 수 있는 계층이다. 선노사로서의 자부심이 강한 마니아들은 자신의 소비 경험을 다른 고객들과 적극적으로 공유하고, 출시되지 않은 제품의 상세내용 검토, 발매 즉시 평가하는 사용 후기 등으로 광고보다 막강한 정보 제공의 역할을 수행한다. 그들의 참신한 아이디어 자체가 무기가 되는 셈이다. 전문성으로 무장한 마니아들의 열정은 지금 고객이 무엇을 원하는지를 말해 줌으로써 기업의 제품, 그리고 고객에 의한(by customers), 고객을 위한(for customers) 최고의 가치를 부여한다.

고객에 의한 가치창조
Value by customers

자기가 가진 장미꽃이 단 한 송이라 믿었던 어린 왕자가 지구에서 마주친 장미꽃 5,000송이.

....

"너희들은 내 장미꽃과 조금도 같지 않구나. 아직까지 너희들은 내겐 그 무엇도 아니야 .

....

나의 꽃이 되어준 그 장미꽃은 비록 한 송이지만, 나에게는 수백 송이의 너희보다 중요해.

왜냐하면 그 꽃은 내가 직접 물을 주고 유리 덮개를 씌우고 바람막이도 세워주고, 다치지 않게 벌레까지 잡아주었으니까.

그리고 투덜댄다거나 뽐낼 때 심지어 토라져서 아무 말조차 하지 않을 때도 나는 귀를 기울여주었어. 바로 내 장미꽃이었으니까."

....

여우가 말했다.

네 장미꽃을 그렇게 소중하게 만든 것은 그 꽃을 위해 네가 소비한 시간이란다.

_《어린 왕자》 중에서

전통적으로 가치는 기업이 만들어내는 것으로 알려져 있었다. 그러나 인터넷이 발달하면서 제품의 기획ㆍ생산 과정 등에 대한 고객의 자발적 참여, 그리고 이에 발맞춰가는 기업의 노력이 과거와 달리 고객에 의한 가치 창조를 가능하게 했다. 그렇다면 고객에 의한 가치 창조는 어떤 요인으로 구성되고 어떤 모양의 수식을 통해 산출될까? 고객에 의한 가치(창조) 방정식을 한번 살펴보자.

고객에 의한 가치 창조

고객에 의해 창조되는 가치란, 비용 대비 품질로 표현되는 기본 가치에 고객의 자발적 참여를 바탕으로 그 가치가 더해(add)지거나, 기본 가치와는 별개로 새롭게 창조(create)되는 것을 말한다.

예를 들면 근래 들어 젊은 세대들 사이에 남들과는 다른 자기만의 색깔로 핸드폰을 개조하는 핸드폰 튜닝이 인기다. 핸드폰의 대중화로 제조업체에서 만드는 핸드폰이 고객 개개인의 욕구를 모두 만족시키기에는 무리가 있으므로, 고객이 직접 케이스 도색부터 교통카드 삽입, 스피커 증폭 등 취향에 맞게 다양한 개조를 시도하는 것이다. 이는 기존 핸드폰 단말기의 기본 가치에 고객이 가치를 더하는 경우로 이해할 수 있는데, 이러한 핸드폰 튜닝은 인터넷 커뮤니티 등을 중심으로 커뮤니케이션되고 확산되고 있다.

또한 더 나아가, 이 핸드폰 튜닝 인터넷 커뮤니티 회원들이 휴대폰 튜닝 법을 배우는 별도의 아카데미 과정을 만들거나, 스타크래프트 게임 마니아가 게임을 잘 몰라도 즐길 수 있는 스타크래프트 소설을 쓰는 경우 등은 기본 가치와는 별개로 새롭게 창조되는 가치다. 그러나 영화 〈청연〉의 경우처럼 네티즌 참여로 인해 친일 논란에 휩싸여 흥행 실패 등의 결과가 발생한 경우는, 고객의 참여로 오히려 제품의 기본 가치가 낮아졌으므로 고객이 가치를 창조했다고 보기 어렵다.

그렇다면, 고객에 의한 가치(창조) 방정식에는 어떤 요소가 작용할까? 고객에 의한 가치 창조의 주체인 고객 측면, 그리고 기업 측면에서 생각해 보자.

우선 고객 측면 즉 고객의 성향을 의미하는 요소로, 제품이나 서비스 등에 대한 고객의 정서적 애착(emotional attachment)을 생각해 보자. 이는 고객이 유·무형 제품에 대해 가지고 있는 친밀감, 정서적 유대감, 사랑 등을 의미하며, 어린 왕자가 5,000송이 장미꽃이 아닌 자신이 가꾼 한 송이 장미꽃에 느끼는 감정을 생각해 보면 이해가 쉽다. 이처럼 고객이 제품이나 서비스에 애정을 느끼지 않고서는 긍정적 의미의 자발적인 가치 창조도 불가능하다. 즉 고객에 의한 가치 창조를 위해서는 가장 먼저 정서적 애착이 바탕이 되어야 한다는 뜻이다.

그리고 다음으로 고려해야 할 것이, 바로 특정 제품이나 서비스에 대해 자신이 가진 정서적 애착이나 정보·지식 등을 다른 사람에게 영향력 있게 전달하는 오피니언 리더십이다. 오피니언 리더십은 특정 제품에 대한 지식과 정보를 많이 알고 있으며 이를 타인에게 전달하기 좋아하는 고객 개인의 성향을 말하는데, 사람마다 작을 수도 있고 클 수도 있고, 극단적으로 아예 없을 수도 있다. 이 같은 오피니언 리더십이 고객에 의한 가치 창조에서 크게 고려되는 이유는, 이런 사람들의 경우 자신이 가진 정보나 지식을 커뮤니케이션해 그것을 자기 혼자 가졌을 때보다 더 큰 가치로 만들어내기 때문이다.

즉 앞의 예시에서처럼 자신만 아는 핸드폰 튜닝 방법을 커뮤니티 게시판 등을 통해 공개하면 다른 사람이 이를 알게 되고, 그 결과 여러 고객 개개인의 핸드폰 가치가 증가되어 더 큰 가치가 창조되는 것이다.

마지막으로 고객의 커뮤니케이션 파급 범위를 가늠할 수 있는 고객의 상황(personal situation)을 생각해 보자. 즉 동일한 정서적 애착과 오피니언 리더십도 그 고객이 어떤 구조적 상황에 속해 있고, 그 속에 있는 구성원들이 얼마나 왕성한 상호작용을 가지는가에 따라 파급 범위가 달라진다.

예를 들어, 똑같은 정서적 애착감과 오피니언 리더십을 가진 2명의 고객이 있다. 여기서 1명의 고객은 20명 회원을 둔 회원 간 상호작용이 약한 커뮤니티에 속해 있고, 또 다른 1명의 고객은 200명 이상의 회원을 둔 회원 간 상호작용이 왕성한 커뮤니티에 속해 있다. 이때 각 고객이 퍼뜨린 정보의 확산 범위, 또 그로 인해 창조되는 고객에 의한 가치는 각각 다르다. 즉 20명 회원에 상호작용이 왕성한 커뮤니티 상황이나, 200명 회원에 상호작용이 약한 커뮤니티 상황에서는, 각각의 커뮤니케이션 파급 효과가 각각 다를 수 있다는 점에서 개개인이 처한 상황이 얼마나 중요한지를 다시 돌이켜봐야 한다는 뜻이다.

고객에 의한 가치(창조) 방정식 =
[정서적 애착감 + 오피니언 리더십] × [고객의 상황]

이제 기업 측면에서 고객에 의한 가치 창조에 기여하는 방법을 생각해 보자. 가장 먼저 고객이 참여하는 장을 제공하고 활용하려는 의지를 생각해 볼 수 있는데, 이는 고객 참여 프로그램을 만들어 아이디어를 얻고, 제품에 반영시키거나 참여 유도를 위한 커뮤니티를 개설하는 등의 노력을 말한다. 이러한 고객 참여 장을 마련할 때는 관리 능력(capability) 또한 고려해야 한다. 기업마다 의지는 비슷해도 관리하는 능력 정도는 다를 수 있기 때문이다.

그러나 한편, 고객 창조 가치는 자발적 참여를 바탕으로 하므로 기업의 유도 노력이 없더라도 자생적으로 생성될 수 있다는 특징이 있다. 예를 들어 앞서 등장한 '스사모'의 경우 고객 자발적으로 생성된 동호회이며, 이 동호회를 중심으로 스카이에 대한 사용법, 신모델 사용 후기, 개선점 등의 정보가 일반인에게로 퍼져나가 스카이에 대한 가치를 높이는 데 기여했다. 현재 기업에서 아이디어를 수용하고 시제품을 먼저 회원들에게 사용하게 하거나 사용 후기를 통한 상품 개선을 도모하기 시작한 것도 그 후부터다. 다시 말해 고객 창조 가치는 기업의 역할이 없어도 더해지고 만들어질 수 있으므로, 기업 측면 요소가 반드시 필요한 것은 아니다.

결국 고객 창조 가치 방정식의 결정 요인은 순수하게 고객 측면의 정서적 애착, 오피니언 리더십, 고객의 상황 등으로 구성된다. 특히 정서적 애착과 오피니언 리더십은 고객에 의한 가치 창조의 바탕이 되므로 덧셈의 형태로 영향을 주고, 변수들은 고객이 처한 상황에 따라 그 크기가 결정되므로, 고객이 처한 상황은 이 두 변수에 곱의 형식으로 영향을 준다.